从新手到高手系列

一本书学会做运营
电商产品运营攻略

滕 尧 王浩鹏 主编

化学工业出版社

·北京·

《一本书学会做运营——电商产品运营攻略》是一本在互联网思维下的产品设计和全程运作的管理读本，本书从电商产品的运营思维入手，分为电商运营的认知、正确选品、店铺美化、搜索优化、爆款打造、营销推广、流量转化、品牌维护、仓储管理、客户体验10个章节，对于如何做一名优秀的电商运营人员应知应会的知识进行了详细的解读。

　　本书图文并茂，穿插大量的实战案例，内容涵盖了电商运营人员从岗位到操作的方方面面，实用性很强，可供从事电商运营的人员，以及新入职的大中专学生，有志于从事电商运作的人士学习参考。

图书在版编目（CIP）数据

一本书学会做运营：电商产品运营攻略/滕尧，王浩鹏主编. —北京：化学工业出版社，2020.1
（从新手到高手系列）
ISBN 978-7-122-35532-4

Ⅰ.①一⋯　Ⅱ.①滕⋯②王⋯　Ⅲ.①电子商务-运营管理　Ⅳ.①F713.365.1

中国版本图书馆CIP数据核字（2019）第248369号

责任编辑：陈　蕾　　　　　　　　装帧设计：尹琳琳
责任校对：边　涛

出版发行：化学工业出版社（北京市东城区青年湖南街13号　邮政编码100011）
印　　装：三河市延风印装有限公司
710mm×1000mm　1/16　印张13½　字数247千字　2020年1月北京第1版第1次印刷

购书咨询：010-64518888　　　　　　　售后服务：010-64518899
网　　址：http://www.cip.com.cn
凡购买本书，如有缺损质量问题，本社销售中心负责调换。

定　价：68.00元　　　　　　　　　　　　　　　　版权所有　违者必究

前言
PREFACE

如今,中国互联网已经全面进入移动时代。目前中国网民规模已达8.54亿(中国互联网络信息中心发布的第44次《中国互联网络发展状况统计报告》显示,截至2019年6月的数据),规模居全球之首,互联网普及率达到61.2%,超过57.2%的世界平均水平。同时,中国手机网民规模达到8.47亿,网民通过手机接入互联网的比例高达99.1%。

巨大的用户市场促进移动互联网对社会生活的深度介入,人们手中一台台智能手机,织就出一张世界瞩目的高速信息网络。过去许多需要"面对面"办理的事项,现在只需轻触屏幕,就能一键解决。这无疑重构着每一个中国人的生活方式,让生活更加精细化、智能化、网络化,也催生了电子商务的快速发展。

互联网信息化时代的到来,催生了新兴渠道的快速发展,互联网已经成为经济发展的基础设施,电子商务的出现正是与经济发展的轨道相契合的。电商经济正在不断突破发展的广度、深度和速度,成为经济发展的新引擎。

随着电商的规模化发展,电商已经渗透到中国人日常生活的每一个细节之中,成为推动中国经济发展的发动机和催化剂。如今,随着电子商务的迅猛发展以及与其他行业的深度结合,越来越多的传统企业加入电商的行列,带动了电商从业人员的不断攀升,这也使得行业对于相关人才的需求大增,电子商务的学习也越来越普及。

基于此,为了让更多的电商运营人员花最少的钱学习到最好的东西,我们编写了《一本书学会做运营——电商产品运营攻略》一书。

本书是一本在互联网思维下的产品设计和全程运作的管理读本，从电商产品的运营思维入手，分为电商运营的认知、正确选品、店铺美化、搜索优化、爆款打造、营销推广、流量转化、品牌维护、仓储管理、客户体验10个章节，对于如何做一名优秀的电商运营人员应知应会的知识进行了详细的解读。

本书图文并茂，穿插大量的实战案例，内容涵盖了电商运营人员从岗位到操作的方方面面，实用性非常强，可供从事电商运营的人员，以及新入职的大中专学生，有志于从事电商运作的人士学习参考。

在本书的编写过程中，由于编者水平有限，加之时间仓促，错误疏漏之处在所难免，敬请读者批评指正。

编　者

目录
Contents

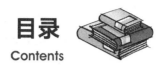

导读　电商产品的运营思维 ·· 1

　　一、流程化思维 ·· 1
　　二、精细化思维 ·· 2
　　三、数据化思维 ·· 2
　　四、借力思维 ·· 3
　　五、总结归纳思维 ·· 3
　　六、计划思维 ·· 3

第1章　电商运营的认知 ·· 5

　　一、电商的认知 ·· 6
　　二、运营的核心目标 ·· 8
　　三、电商运营的关键要素 ·· 9
　　四、电商运营的操作流程 ·· 13
　　　　相关链接　电商运营成功的要素 ···································· 14
　　五、电商运营人员应具备的能力 ·· 15
　　　　相关链接　电商运营招聘启事 ·· 18

第2章　正确选品 ·· 20

　　一、选品前的市场评估 ·· 21
　　二、针对产品的评估 ·· 23
　　　　相关链接　电商产品的发展趋势 ···································· 26
　　三、货源渠道的选择 ·· 28
　　四、供应商的选择 ·· 31

　　　　相关链接　给供应商发邮件的小技巧 …… 33
　五、农村电商选品策略 …… 34
　　　　相关链接　农村电商选品的注意事项 …… 36
　六、跨境电商选品原则 …… 37
　　　　相关链接　跨境电商选品的策略 …… 39

第3章　店铺美化 …… 43

　一、店铺产品布局 …… 44
　　　　相关链接　淘宝新店手淘首页如何布局 …… 45
　二、店铺页面内部优化 …… 47
　三、商品详情描述 …… 51
　四、店铺产品陈列 …… 59

第4章　搜索优化 …… 63

　一、优化关键词 …… 64
　　　　相关链接　如何避免进入关键词选择的误区 …… 66
　二、优化标题 …… 69
　　　　相关链接　做标题时的六大误区 …… 72
　三、优化产品 …… 74
　四、提升综合权重 …… 75
　　　　相关链接　影响淘宝店铺权重排名的环节 …… 77
　五、提升店铺排名 …… 78
　　　　相关链接　没有信誉的店铺如何提高产品排名 …… 81

第5章　爆款打造 …… 83

　一、爆款应具备的条件 …… 84
　二、科学选择爆款 …… 86
　　　　相关链接　店铺爆款选品的两个阶段 …… 88

三、进行价格设置 · 89
    相关链接 淘宝爆款产品定价策略 · 92
四、把握爆款周期 · 94
五、提高爆款转化率 · 96
六、产品测款 · 100
    相关链接 测款应关注的数据 · 102

第6章 营销推广 · 104

一、搜索引擎营销 · 105
    相关链接 如何做好搜索引擎营销 · 107
二、社交媒体营销 · 111
    相关链接 社交媒体营销的误区 · 114
三、微博营销 · 116
    相关链接 利用微博活动广场提升粉丝关注数量 · 119
四、微信营销 · 120
    相关链接 电商会员公众号运营思路 · 122
五、电子邮件营销 · 126
六、利用短视频平台引流 · 129
    相关链接 6·18电商促销，短视频"抢戏" · 133
七、活动促销 · 134

第7章 流量转化 · 143

一、影响转化率的因素 · 144
二、转化率低的原因 · 145
三、提升转化率的技巧 · 148

第8章 品牌维护 · 155

一、品牌定位 · 156

　　　　相关链接　品牌定位的策略 ································· 159
　二、品牌文化创立 ··· 164
　　　　相关链接　经典品牌故事赏析 ································· 168
　三、统一品牌形象 ··· 170
　　　　相关链接　三只松鼠的Logo设计 ···························· 172
　四、品牌推广 ·· 173

第9章　仓储管理 ··· 179

　一、电商仓储的特点 ·· 180
　二、仓储管理的要求 ·· 181
　　　　相关链接　提高仓库发货效率的技巧 ························ 183
　三、库区布局 ·· 184
　四、货位编号 ·· 186
　五、动线优化 ·· 188
　六、SKU优化 ·· 189
　七、库存管理 ·· 191

第10章　客户体验 ·· 197

　一、完善商品的包装 ·· 198
　　　　相关链接　如何节约包装成本 ································ 200
　二、选择合适的快递 ·· 201
　三、高效处理客户的反馈 ·· 202
　四、正确对待客户的评价 ·· 205

导读　电商产品的运营思维

思维能力是运营的基础能力，也就是运营人的心法秘籍，只有心法和功法相结合，才能达到运营高境界。可以说，要做好电商产品运营工作，思维方式是很重要的。好的思维方式不但对于实际运营工作非常有帮助，对一个运营人的成长也至关重要。

一、流程化思维

流程化思维，指的就是思考问题时，先确定主干，再寻找枝叶。高效的企业和团队，都建立在优秀的流程之上，流程化思维是现代企业领导人必修的一项核心能力。优秀的运营者，拿到问题会先梳理流程，将问题分解为一个个的节点，每个节点需要哪些资源和沟通，先统筹清晰，然后匹配资源达成一个个节点的目标。

比如，作为一名运营人员，你要接手一个企业的天猫店，可按以下流程来操作。

首先，思考目前店铺的整体情况如何？这可以通过数据来了解店铺前期的经营状况：如在行业竞争、市场行情、市场容量趋势、类目市场分析，以及企业基本数据的呈现。

其次，对店铺进行以下分析：店铺搜索流量分析、店铺营销分析、店铺整体布局分析、产品属性款式定价分析、团队管理分析等。

最后，基于店铺分析点的整体全局，找到每个运营每个环节，确定哪些细节是重要还是不重要，最终分析店铺权重。

说到底，电商运营应"先要有全局流程思维，再出解决方案"，拿到店铺，一般遵循导图-1所示的三个步骤思考。

导图-1　流程化思维步骤

二、精细化思维

精细化思维是针对差异化细分运营思维的，目的是把运营变成可控制的。

比如，你要做个活动，就要把目的具象化，把活动目的进行拆分，精细到活动每个人、每个场景、每个流程，从而达到精准运营的目的，把项目变成可控制的。如导图-2所示。

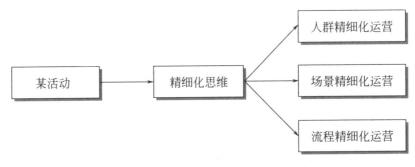

导图-2　精细化思维方式

三、数据化思维

任何事情，当我们找到衡量标准后，这件事情的难度就大大降低了。做运营，也需要找到衡量运营效果好坏的标准。数据，就是很好的衡量方式。运营离不开数据，数据不仅可以为运营提供衡量标准，还可以为运营提供决策支持。

数据化思维就是建立自己的数据运营体系，知道不同数据之间的关系，学会用数据进行分析。另外，在数据分析的过程中，可能会有一些意想不到的收获，数据之间有很多有趣的关联。我们可以通过这些数据对我们的运营工作、我们产品的用户有更清晰地认识。

数据分析是电商运营最基础的一项技能，合格的运营一定是数据驱动运营，而非运营驱动数据。运营建立在客观数据之上，感觉是不靠谱的，数据才是真实的。优秀的运营人员会从宏观到微观、从全局到局部，做数据维度的逐级拆分，以结构化思维来做运营数据的全面的、系统性的分析。

比如，发现销售下降，那就拆分是流量、转化率还是客单价发生了变化，从而依据分析做相应策略优化。

四、借力思维

借力思维是指通过借助事件、场景、人物的力量，来展示或者提升品牌价值。借力最常见的就是蹭热点、联合活动、明星代言，通过借助一些事件、场景、人物的价值，来提升产品和品牌的知名度。

借力是低成本、高效率、快速推广的方案。借力思维具有导图-3所示的好处。

高收益：用户的时间和心智是有限的，热点事件、场景、人物会让用户关注，借助热点事件会得到更多关注度，从而达到精准推广，获得高回报的收益

低成本：推广费用是一定的。热点事件、场景、人物本身具有一定影响力，只需要投入少量成本就可以达到效果

导图-3　借力思维的好处

五、总结归纳思维

总结思维是指运营人员通过总结、反思、归纳，对自己工作或者活动进行调整，并最终形成自己的体系和方法论。

有人说，运营就是一个筐，什么都可以往里装。的确，运营做的事很杂，会遇到各种各样的问题，但如果总结起来，很多问题同属一类。这样，运用好总结归纳思维，在我们遇到一个坑的时候，就可以在下次规避类似的问题。并且，对一些重复性工作进行总结，形成规范，还可以提升我们的工作效率。

另外，在做运营的过程中，也可以将自己的一些工作整理成经验。

比如，整理出专题策划流程、运营手册等，这可以方便今后运营工作的开展，提升工作效率。

六、计划思维

凡事预则立，不预则废。对运营应该有规划，有短期规划，也要有长期规划。

首先，在年末的时候，应该制定新一年的工作目标和计划。

其次，为了将年度目标和计划落实到实际工作中，应该在每个月月末的时候，制订下个月的运营计划表，这个相对于年度计划就细化了很多，细化到具体通过哪些方式完成哪些事情。

最后，还有周计划，周计划是给自己设定具体的工作排期，推动工作进展。

一点通

做好运营工作，仅仅有思维方式还是不够的，还要有强执行力，并且会即时反馈，后面两者也是不可或缺的。

第 1 章

电商运营的认知

阅读提示：

运营不生产产品，运营只是需求的搬运工。运营是心思巧妙的创意，更是抽丝剥茧的逻辑。

关键词：

⇨ 拉新、留存、促活

⇨ 产品、用户、渠道

⇨ 定位、推广、维护

一、电商的认知

互联网信息化时代的到来，催生了新兴渠道的快速发展，互联网已经成为经济发展的基础设施，电子商务的出现正是与经济发展的轨道相契合的。电商经济正在不断突破发展的广度、深度和速度，成为经济发展的新引擎。

1. 电子商务的定义

电子商务是指以信息网络技术为手段，以商品交换为中心的商务活动。也可理解为在互联网（Internet）、企业内部网（Intranet）和增值网（VAN，Value Added Network）上以电子交易方式进行交易活动和相关服务的活动，是传统商业活动各环节的电子化、网络化、信息化。

电子商务有广义和狭义之分，具体如图1-1所示。

图1-1　电子商务的定义

无论是广义的还是狭义的电子商务的概念，电商都涵盖了两个方面的内容，具体如图1-2所示。

图1-2　电商涵盖的内容

人们一般理解的电子商务就是指狭义上的电子商务，是指通过使用互联网等电子工具在全球范围内进行的商务贸易活动，是以计算机网络为基础所进行的各种商务活动。

2.电商的构成要素

电商有四大构成要素,包括商城、消费者、产品、物流。如图1-3所示。

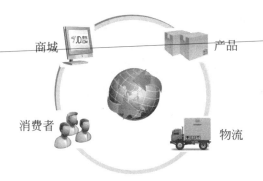

图1-3 电商的构成要素

这四大要素构成了三种关系,具体如图1-4所示。

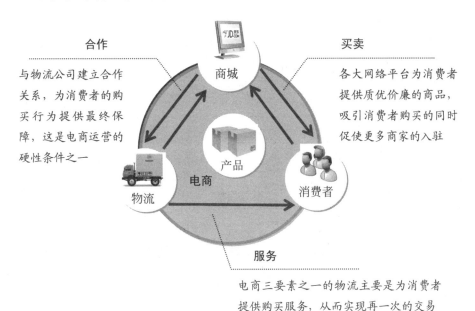

图1-4 电商四大要素构成的三种关系

3.电商产品的特点

电商产品有"多模块""多流程""多业务"三个特点。

(1)多模块。主要是指商品从仓库到客户手中要经过漫长的系统回路。将近一二十个子系统模块,包括订单商品采购、物流、仓储等,很多系统都在这个子系统里面。

（2）多流程。是指除了正向流程外，还有很多逆向流程。

以退货退款为例，其发生的时间节点不一样，处理逻辑也有区别。比如说你刚下单就直接取消订单，或者是仓库快要发货的时候你取消订单，由于订单流到了不同的地方，他的这个取消订单的动作导致的相应的库存数量就会不同。不同的动作，就会引发一系列的操作，这流程是非常复杂的。

（3）多业务。是指不同行业不同品类的商品产品设计，都有一些区别，操作也不一样。

比如，在淘宝上售卖商品的订单流程，与外卖网站或者是水果生鲜、餐厅的订单流程是不一样的。

二、运营的核心目标

互联网、移动互联网行业竞争越来越激烈，产品功能差异化越来越小，趋同性越来越强。因此，运营的差异化成为电商重要的核心竞争力。但无论是哪一种运营，基本目标都是围绕图1-5所示的三个方面。

图1-5　运营的三大核心目标

1. 拉新

简单地说，拉新就是拉动新用户（顾客）关注。而带来新用户的手段和途径其实是多种多样的。

比如，投放广告或站内外搞些活动，还可以是通过微博、微信朋友圈传播。对于电商运营来说，拉新是至关重要的，只有新鲜血液不断进入，才能有效弥补用户流失。

2. 留存

21世纪的互联网和移动互联网用户（客户），越来越不"忠诚"。换句话说，对所使用的产品兴趣惯性度越来越低，越来越喜欢更新鲜的玩意，放弃使用和卸载手机应用的成本越来越低。"用户留存"的难度也要比"拉新"的难度更高。

产品在不同发展阶段，运营目标和运营手段是不同的，运营更多时候要比产品思考得更远、更长久，责任更大，不仅要兼顾到用户体验，也要考虑到企业品牌，甚至要为企业收入做更多的运营工作。

3. 促活

促进用户（客户）活跃和留存、拉新是相辅相成的。想让真实用户更加愿意频繁登录，同时快乐地开心使用产品，除了搭建用户模型、勾勒分类用户画像、多手段地激活和召回沉默用户、完善用户激励机制外，还要让用户在访问过程中都能有所成长和受益。这不仅仅需要有坚定不移的持久战斗力，还要有各种灵活的思路。当用户不再使用产品的时候，是否可以通过各种渠道或手段触达到用户，比如通过邮件通知、微博微信运营，与其他产品服务合作、相互推广等重新激活。

三、电商运营的关键要素

电商运营是否也如同武林一样要有"宝典"呢？其实电商就是一部武林传奇，很多现在做得风生水起的商家都有其成功的秘籍，也就是说这些商家都掌握了电商运营的关键要素，具体如图1-6所示。

图1-6 电商运营的关键要素

1.产品

其实对于商家来说,产品类别有多小众不是最重要的,重要的是能不能在这一细分领域做得比其他商家更好、更有特色。类似于小米的路线,后面做什么不要紧,关键是在起步成长阶段能用至少一样或一类产品撬动市场或打动客户。

比如,护肤品行业里的阿芙,通过电子商务全面发力并逐渐形成品牌影响是在2010年前后,当时在国内市场精油类产品还完全是一个很偏的类目,很少人认知这类产品,更谈不上使用。就是在这种市场环境下,阿芙选择了从精油这个类目切入市场,因为精油具有丰富的功能延展特性,让其很容易与其他类护肤产品产生关联,如美白、祛痘、保湿等。

时至今日,阿芙已不再是2010年前后的阿芙了,2013年阿芙仅淘系平台全年销售近2.2亿元,但实际构成其销售的并非仅仅是精油类产品,非精油类的护肤品占到近1.12亿元,约过半的份额。简单总结阿芙的品牌路线,即先从精油细分领域切入,做成行业的标杆形成品牌之后,再拓展其他关联品牌。

2018年,仅双11期间,阿芙成交额突破7600万元;2018年全年销售额已过10亿元。产品已布局了美容护肤/美体/精油、彩妆/香水、美妆工具、美发护发/假发等子行业。

因此,要想做好电商运营,运营人员在做产品规划或梳理的时候,一定得结合商家自身实力、产品品类特点,有计划、有目标地聚焦品类,这或许更有助于商家借助互联网打造品牌,也更有利于运营人员自身价值的提升。

那么,产品规划到底从哪着手、分哪些步骤推进呢?下面介绍产品规划的几个步骤,具体如图1-7所示。

步骤一	做产品规划前首先要做的是利用大数据进行行业分析、市场调研、标杆研究等
步骤二	在大数据的指导下,再结合商家自身的资源匹配能力、产品品类特点进行有计划、有目标的聚焦,最终选择一个或一类产品作为线上市场切入点
步骤三	聚焦品类之后,也就知道了要做什么产品,接下来要解决的问题就是产品区隔和产品定价的问题
步骤四	前面所有的准备工作都做完后,最后一步关键工作就是要对现有产品进行角色分配和定义,比如使用性价比较高、适用人群较广的产品用来做引流品

图1-7 产品规划的步骤

2.用户

电商发展到今天,技术层面的主导作用已经完全不在,线上和线下的商业本质重回一致:要想把生意做好做大,唯有用好的产品服务好客户,并持续保持下去。在电商行业里,用户即流量。

比如,同样两家店铺,A店铺强营销,追求短期效益,每日花费大量资金引流,但几乎全部都是一锤子买卖,眼下看似红火,但当流量成本逐渐攀高之后,企业的营销成本将不可避免地成为其一大痛点;B店铺每日平平淡淡,只做少量精准推广,且注重用户体验,在产品和服务上下足了功夫。几年下来,B店铺通过口碑传播累积到了大量忠实用户,不花一分钱,每天都能保证有稳定的流量进入;而A店铺却依然在烧钱引流的路子上重复着。从长远看,B店铺自然更有生命力。

因此,引流的最终目的是留客,而只有在产品和服务上做足了工作,才能真正赢得客户和市场的认可。

那么,如何提升用户体验、增加用户黏性呢?这就需要运营人员能掌握图1-8所示的三个关键要素。

要素一 服务体系设计

围绕用户为中心,为品牌方设计一套独有细致的服务标准或流程,做好售前、售中、售后的高效优质管理,让用户尽可能多的将不同的接触点变成不同程度的惊叫点

要素二 CRM(客户关系管理)系统搭建

对于搭建好的CRM系统,不管用什么工具,基于对应工具上设定的用户策略才是最重要的,比如用户等级的划分、不同等级用户的不同专属特权的设计等

要素三 客户运营

客户运营主要围绕两个目标,一个是提升用户的活跃度,另一个是提升用户的复购率。要实现这两个目标需要策划人员阶段性地设计不同的、有针对性的活动来提升用户的参与积极性

图1-8 提升用户体验、增加用户黏性的关键要素

3. 渠道

有了有战斗力的团队、有竞争力的产品、成熟的服务体系，那么接下来最重要的事情莫过于渠道的布局了。古人作战讲究排兵布阵，电商渠道的开展也应讲究策略和方法。

比如，韩后化妆品的电商成长路径。真正帮助韩后打入一二线城市的是电子商务，韩后进入电商其实并不算早，已经错过了电商的红利期，起初韩后并没有直接就自己注册旗舰店并运营，而是先选择从唯品会开始。这对于刚开始做电商的韩后来讲，在团队、体制、流程等各种不完善的情况下，巧妙地避开了团队方面的短板。而唯品会的成功运作，便为其后续天猫旗舰店的运营既赢得了搭建团队的时间，也为其后续和天猫平台争取更多资源做好了充分的铺垫。

韩后的案例，说明每一个企业都有各自的优劣势，企业应根据自己发展的现实情况，来科学布局先入驻什么平台，后入驻什么平台，或者总共需要入驻多少平台，而不是盲目地铺货布局。那么面对如此众多的电商平台，运营人员该如何布局呢？这就应从渠道选择、渠道拓展、渠道维护三个方面去做好渠道规划，具体如图1-9所示。

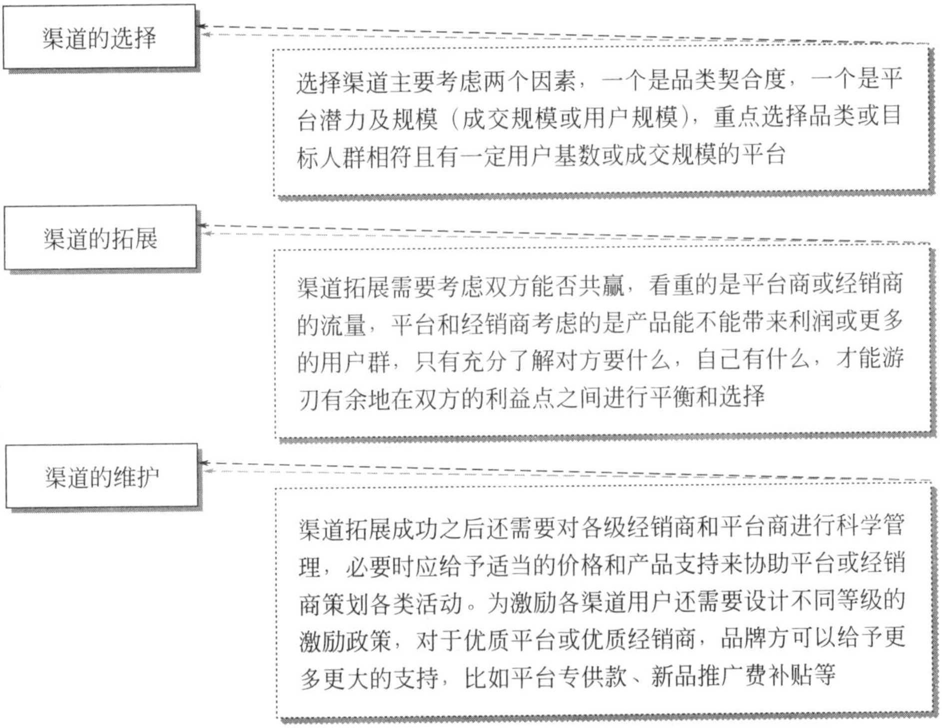

渠道的选择 → 选择渠道主要考虑两个因素，一个是品类契合度，一个是平台潜力及规模（成交规模或用户规模），重点选择品类或目标人群相符且有一定用户基数或成交规模的平台

渠道的拓展 → 渠道拓展需要考虑双方能否共赢，看重的是平台商或经销商的流量，平台和经销商考虑的是产品能不能带来利润或更多的用户群，只有充分了解对方要什么，自己有什么，才能游刃有余地在双方的利益点之间进行平衡和选择

渠道的维护 → 渠道拓展成功之后还需要对各级经销商和平台商进行科学管理，必要时给予适当的价格和产品支持来协助平台或经销商策划各类活动。为激励各渠道用户还需要设计不同等级的激励政策，对于优质平台或优质经销商，品牌方可以给予更多更大的支持，比如平台专供款、新品推广费补贴等

图1-9 做好渠道规划的要素

四、电商运营的操作流程

电商运营的操作流程如图1-10所示。

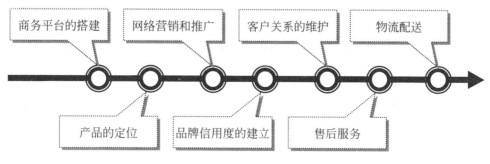

图1-10 电商运营的操作流程

1. 商务平台的搭建

盖楼需要地基的搭建,同样开展电子商务也需要平台的建设,没有平台就无法开展接下来的一切工作。这个平台可以是自建的网站,一个具有网络营销功能的网站,基于这个平台来开展电子商务。没有条件自建网站的商家,也可以选择入驻知名的电商平台,然后开设自己的店铺。

2. 产品的定位

对于商家来说,在准备做电商前就要考虑清楚自己准备做哪些产品。只有定位好了产品,才能在这个定位上去考虑接下来的推广营销计划。不做好产品的定位就不能很好地开展下一步的工作。

3. 网络营销和推广

有了平台、有了产品以及对产品的定位,接下来要考虑的是怎样让用户知道有这样一个平台出售这样的产品,这就需要开展网络营销和推广工作了。这一步对商家来说很关键也很重要,运营的成败大部分取决于这个环节。可以这样说,网络营销是商家的核心所在。

4. 品牌信用度的建立

品牌信用度的建立,大部分要靠网络营销来实现。需要注意的是,在前期建设网站或创建店铺的时候就需要考虑这些问题,要在网站(店铺)上显现出来诚信和品牌的统一性。这个品牌的建立需要做到统一、长久，并不间断地去影响用户。另外，也别忽视口碑宣传对信用度和品牌的作用。

5. 客户关系的维护

当运营到一定阶段的时候，会拥有很多的新老用户，这个时候要想提升自己网站（店铺）的客户忠诚度以及再次购买的行为，就需要学会客户关系的维护。

千万不要冷淡了那些曾经消费过的老客户，那些老客户是曾经认可品牌的，并且会再次消费的群体。可以在节假日的时候，给客户一句温馨的问候，哪怕只是一条短信；也可以在客户生日前夕，给客户寄一个小小的生日礼物等。

6. 售后服务

售后服务的好坏决定了客户再次购买的行为，所以一定要做好售后服务这个环节。保证和承诺一定要做到，因为电商最主要的一点就是——诚信。

比如，网站上有7天无条件退换货，那么，当客户在7天之内要求退换货的时候，不要问客户为什么，直接爽快地并且快捷地办好退换货的工作即可。

7. 物流配送

物流配送是否快捷和准确无误也决定了客户再次购买的行为。总之，怎么样保证就要去怎么样为客户做。要和物流公司洽谈好合作的一切细节事宜，不要让最后的一个环节制约了整个的销售流程。

相关链接　　　　　　　**电商运营成功的要素**

1. 统一共识，搭建队伍

作为电商运营人员，在入职或开展工作之前一定要与老板充分沟通，把商家的定位和目标沟通清楚，如果老板对品牌、用户只字不提，只关心短时间内能做多少销售额，甚至要求利润率达到多少时，请一定要从专业的角度，用你的经验、大数据、标杆案例等努力与老板沟通，并尽力纠正其思路，只有在大方向上与老板达成一致，后续的工作推进才能最大限度减少内部阻力，后面专业的事交给专业的人去做，比如设计、营销、策划、客服等。对电商团队成员请一定最大限度地肯定他们存在的价值和重要性。

2. 聚焦品类，精细规划

如果说团队解决的是谁来做的问题，那产品则是用来回答做什么的问题。很多的小商家在规划产品的时候常会犯同一个错误：认为经营的产品品类和数量越多,成功的概率越大。但是,中小商家在起步发展时期,建议更聚焦一些,把有限的人力、财力投在一样或一类产品上,更容易出成果。但这并不意味着我们永远只做这一样或一类产品,只要口碑形成、品牌成型后,再去拓展其他关联品类或许更加稳妥。所以,运营人员在做产品规划或梳理的时候,一定得结合自身商家实力、产品品类特点有计划、有目标地聚焦品类,这或许更有助于商家借助互联网打造品牌,也更有利于运营人员自身价值的提升。

3.以用户为核心,打造极致体验

我们生活在巨变的时代,这个时代最大的特征就是不确定性,但不管如何变化,有一样东西永远不会变,那就是对用户价值的追求。而只有打造极致的用户体验,才能在竞争中取得领先。

互联网的发展,进一步为产品吸引用户提供了更简单更快速的方式。因此,运营人员在关注优质产品创造的同时,更需要聚集特定群体,为粉丝用户精准画像,并分析他们的实际需求,推出针对性服务,满足粉丝的消费需求。

4.合理布局渠道,让平台价值最大化

有了有战斗力的团队、有竞争力的产品、有成熟的服务体系,接下来最重要的莫过于渠道的布局了。古人作战讲究排兵布阵,电商渠道的开展也应讲究策略和方法。

每一个商家都有各自的优劣势,应根据自己发展的现实情况,来科学布局先入驻什么平台,后入驻什么平台,或者总共需要入驻多少平台,而不是盲目地铺货布局。

五、电商运营人员应具备的能力

一个合格的运营不仅要有老板的责任心、美工的审美、推广的市场洞察,还要有客服的一丝不苟。可以说,运营是一个店铺的灵魂,同时,还要具有图1-11所示的能力。

1.定位市场的能力

定位市场是从产品角度来说的。一个运营对于选品要有自己的见解,不能人云亦云,更不能太迷信数据。

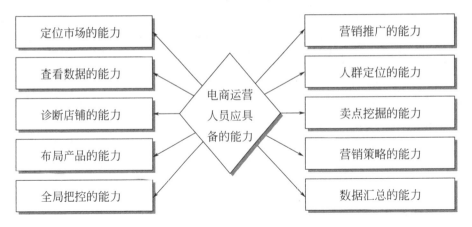

图1-11 电商运营人员应具备的能力

比如，按照市场数据来说，手机壳的市场要绝对大于键盘膜，但如果你一头扎进手机壳这个行业里，你会发现事实不是自己想得那么简单。

电商和线下生意最大的区别在于电商客户遍布全中国，所以，再小的行业在淘宝也会有很大的市场需求。关键是看我们如何定位和包装自己的产品。

2.查看数据的能力

查看数据包括的范围很广，包括主图数据、详情数据、产品数据、客户数据、市场数据、推广数据、SEO数据等。而作为运营，对于这些数据不仅要明确其确切含义，更要明确这些数据的应用意义。因为，店铺是个整体，任何一部分数据出问题都会反映出店铺运营的一些问题。而运营要做的就是，汇总观察数据，并根据数据得出结论，为下一步的优化解决方案提供支持。

比如，店铺流量上升和下滑，如果我们不去分析原因，那以后就不能避免再犯类似的错误，更不能提升我们的运营能力。

3.诊断店铺的能力

诊断店铺的范围也比较广，包括访客走势、产品销量、营销策略、推广效果、活动绩效等。不仅需要我们具备数据分析能力，更重要的是要有明确的思路，我们要学会从一些蛛丝马迹洞悉店铺问题。

比如，发现店铺的某一项动态评分无故降低，你会简单地认为仅仅是这一项出了问题吗？你要知道，客户评分是很盲目的，如果他的心情不好，往往不会仅对你某一项评分给出低分。

所以，我们要做的就是让客户只要买我们的东西就很开心，至于怎么开心，这就是运营人员应该认真思考的问题了。

4. 布局产品的能力

布局产品的能力指的是产品是定期上新还是一次性布局好？产品是全店推广还是重点打造？产品是各自为战还是合纵联合？产品定价是越低越好还是走高端路线？这些都是运营需要认真思考的问题。

定期上新需要有很好的供应链，一次性布局产品是小商家的做法，当然后续选款并重点打造才是真正的考验。一旦有了爆款倾向，就要集中店铺所有资源来进行推广，一旦爆款成型，就要考虑是不是可以做关联搭配来带动其他产品，只有这样店铺才能持续增长。

至于定价，要先从人群定位开始。永远要记住，再贵的东西也有人觉得便宜，再便宜的东西有人也觉得贵，而且会很挑剔。

5. 全局把控的能力

运营不仅是执行者，很多时候其实是一个协调者，需要有更多方面的能力。

比如，美工没有运营思路，而运营需要做的是把想法或方案准确表达给美工，而不是直接让美工来作图或做详情，反过来再以各种挑剔或不满来进行指责；再比如，由于营销策略的改变，美工换了主图，而客服没有及时修改应对策略，很容易造成团队矛盾。这时候，运营就是一个全局把控的舵手，需要协调各部门的职能，尽量做到零差错。

6. 营销推广的能力

营销推广不仅仅是推广的能力，合格的运营虽然不必精通具体操作方法，但对于思路和原理还是要懂得，并且要把中心放在店铺整体的运营走向上。

比如，运营可以不会开直通车，但必须懂得直通车的基本原理和推广模式。只有这样才能指导美工和推广部门进行更高效的协作。

7. 人群定位的能力

人群定位在如今的电商行业非常重要，做产品之前如果没有定位好你的人群或者根本就没有这个概念，只是一味地上产品、做推广、找流量，那后果必然是做得越多，死得越快。

比如，同是连衣裙，为什么有的卖几十元，有的却可以卖到上千元？

因此，你要始终明白，你现在面对的是全中国的客户，人群体量大了，对应的人群分级也就多了起来。而且如今的个性化时代，如果店铺或产品人群定位不准确，那意味着以后平台所给的流量也将不会精准，那转化率必然会非常差。

8. 卖点挖掘的能力

卖点挖掘其实也是建立在人群定位上的，只有定位好了人群，才能准确挖掘卖点，并合理表达给精准消费人群。

比如，你想做女士沐浴露，并且发现一个与你的产品非常相关的优质关键词叫"沐浴露　持久留香　美白"，那你下一步该怎样设计主图和详情？你肯定会在主图和详情中用到"留香"及"美白"这两个核心卖点，并可以用使用前后对比的形式很直观地表现出来。

当然，运营没必要会设计，但是挖掘卖点并指导给美工的工作必须是要做的。

9. 营销策略的能力

营销策略是店铺成长的动力，比如上新优惠、节日打折、清仓处理、活动促销、满减包邮、包裹营销等，都是运营人员熟练掌握的技能。所有这些策略的制定者及把控者肯定是运营，并且需要做好营销计划实施之后的效果评估汇总，以备后续营销策略的策划开展。

10. 数据汇总的能力

运营的初级阶段一定是数据，数据是反映店铺的直接指标，要想从中看出问题，看出端倪，必须学会汇总分析数据的能力。汇总数据除了直接看生意参谋及其他工具的报表之外，自己制作表格并定期汇总也是非常必要的。

比如，淘客资源汇总表、全店运营数据汇总表、店铺活动销售成果汇报表等。

这些需要自己在开店的过程中一步步积累，并形成自己的风格和技巧。

相关链接　　　　　　　**电商运营招聘启事**

招聘职位：电商运营专员

基本要求：年龄不限、性别不限

工作地点：××

职位描述：

（1）负责公司电商平台运营，包括活动策划、在线宣传推广、品牌定位包装及日常运营。

（2）根据网站营销数据进行深入分析，对每个产品运营情况进行评估，提炼卖点。

（3）负责收集市场和行业信息，分析竞争对手，关注对手的变化和选款、定价等营销策略，结合本店优势提供有效应对方案。

（4）熟悉电商平台的运营环境、交易规则、网站广告资源。

（5）每日统计分析最新数据，并根据数据变化采取针对性运营措施。

（6）具备敏锐的商业意识，较强的应变能力，口头表达和沟通能力；熟悉客户服务流程；工作严谨，计划性强，有责任心；勤奋踏实，有较强的服务意识和团队合作精神。

岗位要求：

（1）至少1年以上电商运营或新媒体运营经验，熟悉平台运营规则。

（2）淘系电商运营经验，熟悉平台运营规则。

（3）有独立策划平台活动的能力，有平台推广操作经验。

（4）敏锐的市场嗅觉，思维灵活，脑洞大开。

（5）擅长数据分析，精通各种数据分析工具。

第 2 章

正确选品

阅读提示:

选品一直是做电商的关键,可以说是成也选品败也选品,好的产品可以有效地提高店铺转化率。

关键词:

⇨ 市场评估

⇨ 供货渠道选择

⇨ 跨境电商选品原则

一、选品前的市场评估

运营人员在选品前,可从以下几个方面来做好产品的市场评估。

1. 潜在的市场规模

市场规模是很难确定的,但还是可以通过一些研究使我们了解到潜在的市场规模。

比如,现在有一款产品,它的目标人群定位在25~40岁的怀孕女性,这样看来这款产品是有足够的市场的,但是如果这款产品的定位是25~40岁的喜欢摇滚的怀孕女性,那这个产品的市场就太狭小了。

狭小的市场规模会限制产品很多的潜在商机,但是,换个角度来看,基于精准的市场,这种狭小的市场规模更容易营销。

对于大部分人来说,通常都无法确定准确的市场大小,这个时候完全可以借助一些工具来帮助我们理解市场规模。

比如,谷歌趋势,这就是一个很好的起点,再从中确定市场规模,然后就能确定市场需求轨迹。在谷歌趋势上面,我们能够看到所选产品在其他几个地方的销售情况,还能看到产品底下的评论数量和质量。

2. 市场的竞争环境

作为运营人员,在选择一款产品的时候,你应该从以下几个方面做好市场竞争环境的分析。

(1)所选择的产品和细分市场的竞争力前景市场如何?

(2)你是第一个接触这个市场的吗?还是已经有很多人在卖你选择的这款产品?又或者卖跟你选择的产品同样定位的、拥有同一个细分市场的产品呢?

针对上述事项的分析,可能会有以下三种结果。

(1)这款产品市场中还没有,而你就是那个"第一个吃螃蟹的人",那你需要做大量的市场研究来确定这款产品是否真的有市场。

(2)这款产品已有人领先一步打入市场,这也不是件坏事,因为这表示你选择的产品已经有人帮你验证过了。

(3)这款产品市场上已经人满为患了,一方面表示这个市场已经被验证了,另一方面你得思考处在这样一片红海中,怎样打出自己的品牌和产品。

××是一家线上的假发公司,但并不是首家,在四年前他们进入这个市场的时候就已经有很多的同类型公司存在并且竞争相对激烈,然而他们从一开始就知道必须要与众不同才能够从这个市场中脱颖而出。

于是在同类型公司还在做付费广告的时候，××选择了通过游戏直播来作为自己的营销策略，利用传播价值，聚焦YouTube，建立起自己专属的营销渠道。

事实证明，这个策略非常的有效，让××成功从同类市场中脱颖而出，拥有上百万YouTube订阅粉丝的××很快就获得了高达7位数的电商营业额。

3. 市场的趋势

一般来说，市场趋势可以分为以下四种。

（1）流行市场。匆匆来，匆匆去，就看你有没有这个机遇会不会把握。

比如Geiger Counter，这是一款类似手机的个人电子设备，它可以检测人身边的辐射，2011年日本遭遇地震的时候，它曾火爆一时，但是很快就偃旗息鼓了。

（2）趋势市场。相对流行市场更为长久，且有可能转化为长期增长市场，但是难以预测。

比如无麸食品，在最近几年这种食品越来越受欢迎，销量也呈现逐渐上升的趋势。不过营养饮食市场本身就是不断变化的，所以很难预测它未来的走向。

（3）稳定市场。抗压能力强，无大起大落，平稳增长。

比如厨房水槽，这是产品与市场有稳定需求的典型，在过去的十年中，它的趋势基本维持现状，这是因为客户对这类型产品的购买兴趣和需求不会发生太大的变数。

（4）增长市场。长期或永久的呈现持续增长趋势。

比如瑜伽周边产品。虽然瑜伽的历史已经很久了，但是随着人们意识的加强，它逐渐发展成了一个主流的健身活动，而且瑜伽的益处几乎众人皆知，因此能够保持市场的长期增长。

可以这样说，流行市场伴随的是危险，趋势市场伴随的是收益，而稳定的市场伴随的是安全保障，对于持续增长的市场，那就是理想化了。

当然，也并不是说爆发性的流行市场不能做，因为突然起来的势头其实伴随着较高的利润率，有些人就是特别擅长看到趋势赚钱。需要特别注意的是不能贪心，以及控制合理库存，在合适的时机退出，避免积压。而稳定和增长市场可能是更多人的选择，因为这个选择有可能让你有更好的业务沉淀。

作为一名运营人员，如果要做这样的市场，需要持之以恒地积累运营经验，也要找到好的供应链资源支撑。

4.产品在当地线下是否存在

如果一个产品在当地或者线下随处可得,那么很少有人会去网上购买,反之一个独特的或在当地根本没有的产品,客户肯定都会倾向于在网上购买了。

比如Ellusionist扑克,这是一款高端型扑克,受众一般为魔术师和卡牌人员,这在线下并不常见,所以想要入手的客户就只能去网上进行购买了。

想要找出你选择的产品在当地或者线下有没有,办法很简单,可以在搜索引擎(比如谷歌、百度)上搜索目标产品+地区,比如"魔术师扑克牌+纽约"。

5.产品的目标客户

目标客户的含义在于客户类型。对于运营人员来说,要明白自己的产品是卖给哪类客户的?这类客户的线上消费能力如何?

比如,你的产品是针对老年人的,那么你需要考虑到老年人的网上购物习惯,有很多老年人可能一辈子都没有进行过网上购物。这时你就需要调整销售策略,可以把销售对象定义为子女,老年人在网上购买衣服的概率非常小,但是很多年轻人愿意在网上为自己的长辈购买衣物。

从营销的角度,一个产品的使用者和购买决策者,很可能是不一样的,比如说为老人买衣服的子女,或者为婴儿买奶粉的父母,但是,这两款产品的受众购买者,可能都是35岁左右的青年,所以,使用者和决策者的需求,都需要考虑到。

二、针对产品的评估

对于产品的评估,运营人员可以从以下几个方面来进行。

1.产品的利润

在选择一款产品进行销售时,利润肯定是重中之重,运营人员必须仔细考虑,否则当你真正开始进行销售时就会发现,有很多的小花销会消耗你的利润。

对于产品的成本,既包括采购成本,也包括货运成本、包装成本、库存积压成本、退换货成本等。

2.预售价格

众所周知,售价高的产品需要很长的周期才能实现盈利,而售价低的产品则需要庞大的数量来保证利润。对于所选产品的定价,最好是有庞大的客户群体。

比如,做跨境电商选中一款宠物计步器,其产品价格可定在75～150美元,因为这个区间的客户群体非常庞大，让你不用花太多时间找客户，还有充足的营销预算。

3.产品的尺寸和重量

产品的尺寸和重量对产品的销售和利润也是影响极大的，没有客户不想要产品包邮，然而运营人员仅仅是把邮费算到产品本身的售价之中却并不是长远之计，因为这些运费一直会吞噬商家原有的利润。当然你也可以选择不包邮，只是这样店铺的转化率就会因此大大降低。

另外，如果商家并不打算采用直销模式，那还得考虑产品从厂家送到你的仓库的运费以及仓储费。如果你的库存都来自于海外，那么这笔花费还会更大。

> 尺寸和重量决定着运费成本有多高，所以产品的包装，对于电商运营人员来说也是一门大的学问。

4.产品的耐用性

所选的产品经不经得起"造"，很大程度上也会左右销售量。易碎的产品就会产生较多问题，在退换货和包装费用上要比耐用品多上好几倍。

比如，有位国外的商家在自己的博客里面分享了销售易碎品的经历，起初花费在包装费用和退换货费用上的金额是产品价格的4倍，几番碰壁之后才逐渐摸索出了一些门道。

因此，易碎品的包装费用是一笔很大的开销，怎样在缩减包装费的同时降低产品的损坏率，这些都需要周全的考虑，别到时候商品包装费倒是缩减了，却导致商品破损率翻倍了，这样就得不偿失。

5.产品的季节性

季节性的产品对现金流的影响相对较大，一个理想的季节性产品必须得保证有稳定长久的现金流。

如果所选的产品刚好是高季节性的，那你在销售之前就要考虑好，这个产品能否销往其他季节相反的国家或地区，来解决在原有地区的淡季。

比如，圣诞期间的圣诞树就是季节性产品的典型，要做到常年稳定的现金流非常难。

最好的办法是，能同时做冬夏两个季节的产品。

6. 产品的需求性

一款可以解决客户某种困扰的产品，它的市场花费会相对来说比较低，因为有需求的客户会主动找上门。

比如，专业护牙器，这是一款解决磨牙困扰的产品，对于晚上睡觉磨牙的人来说，他们有极大的可能性上网主动寻找这类产品，并且购买概率也非常高。

问题就是产品的机会，当你的产品是为解决某个问题而生的时候，其实这就是你的产品的定位。

7. 周转库存的时间

如果你选择了一款需要不断更新的产品，这是比较冒险的决定。因为这类产品随时都存在着库存供应不上的风险，所以需要首先了解自己的周转库存，并做好计划，保证产品能够稳定地销售。

比如手机外壳，经常需要更新设计方案，更新模板，如果卖的速度赶不上新款上市的速度，那过时的壳子就只能留在仓库里了。

8. 产品的重复性

耐耗消费品跟一次性用品本质上是一样的，都可以让同一客户重复购买，唯一的区别在于二者的产品时限不同，但是目的都是为了让客户二次消费，当然相对来说一次性用品的价格普遍都会比耐耗消费品要低。

9. 产品的保质期

易腐产品风险太大，最好不要轻易尝试，除非是专做生鲜的电商。因为易腐产品要求配送时间越短越好，相应的运费会比较昂贵。就算有些产品的保质期限稍长，但是发货和库存管理同样不是小问题，这样的产品过了期限连促销清仓都不能处理。

比如，那些保质期较短的食品、药品等，还有一些需要冷藏的产品，在包装、存储、运输等各个方面都要慎重考虑。

10. 产品的相关限制

在选择一样产品之前，运营人员一定要事先了解清楚该产品的相关规定和限制，进出口都有哪些要求，特别是一些化妆品、食品以及化工品，可以先去网上查一查相关的法律法规或者给海关等权威机构去电了解更全面的信息再做决定。

比如，某指甲油，由于其成分里含有易燃的化学成分，会被禁止空运，这款产品就不适合做海外市场。

11.产品的规模化

运营人员在选品的初始阶段就要考虑产品未来发展的规模化。尤其是所选的产品含有稀有原料或者是手工制品时更要考虑这一问题,假设有一天业务规模扩大了,你能否外包?订单量增加了,员工数量是否要随之增加或发展成团队?

比如,Horween皮革公司的头牌皮革Horween,被誉为世界上最好的皮革之一,受到许多客户的追捧,但是由于质量的把控以及手工制作,Horween皮革很难进行规模化量产。

> **一点通**
>
> 大多数的电商,销售的都是标准化的工业制品,而不是手工制品,客观来说,可规模化生产的产品,可能没有手工制品利润率高。

相关链接　　　　电商产品的发展趋势

趋势一:向更细分的消费人群渗透

过去快消品更多的希望能大众化,覆盖尽可能多的消费群体;而现在客户在追求越来越个性化的产品。为了获取增长,品牌需要寻找快速增长的细分群体,针对特定的人群开发特定的产品。

(1)专攻女性消费者的产品层出不穷。

(2)男性消费者越来越多在意"面子工程",性别化的消费成见逐渐被打破。精致"95后"的男性消费者越来越多地使用化妆品。据调查,有18.8%的男性为自己购买过BB霜,有9%的男性为自己购买过眉笔,有18.6%的男性使用过唇膏,有9%的男性为自己购买过眼线。为了适应这种需求,美妆品牌开始建设男性化妆品专线,如BB霜、润唇膏、眉笔、眼线等。

(3)儿童和婴儿细分市场成为各大品类的增长动力。

(4)专门针对孕妇的产品成为明显的市场趋势。

(5)宠物经济持续升温的同时系统化不断加强,新品牌层出不穷。

趋势二:品类管理角度的产品细分

除了针对更多细分人群进行产品开发之外,围绕不同功能、使用场景、季节、材质和香味对产品进行细分也成为了当下的一大趋势,通过更深入、多种维度的细分能增加产品的独特性,丰富产品组合,提升竞争力。

比如，牙刷可分为基础款和功能款两大类。基础款又分为小头、宽头等多个品类；功能款又分为美白、抗菌、去污、舌头清洁、牙齿缝清洁等多个品类。

趋势三：消费者对于产品"专业化"的诉求越来越高

相比于过去，现在的信息环境更加复杂，长期生活于这种环境中使得消费者具备了信息筛选、辨伪的能力。我们正面临大批的更难被营销洗脑、更具怀疑精神的消费者的出现。今天的消费者，比过去更理性、相信专业性，选择理智拔草。

这种对"专业性"的诉求不仅反映在对产品的诉求上，也反映在产品与消费者的沟通过程中。比如，过去的产品宣传多以功能为卖点，而现在的产品主要围绕成分来做宣传。过去护肤品直接会讲它具有美白淡斑功能，而在现在，消费者自己就会去做功课，仔细研究护肤品里的成分。品牌需要建立更加专业的形象，用更可信的方式传达自己的产品功能。

趋势四："90后"新养生时代

养生成为了年轻群体的一大趋势，你可能已经发现，周围有不少"90后"开始踏上了养生的征途，虽然年纪不大，但脱发、疲劳、睡眠不足等各种亚健康因素已经开始深深地困扰着这一批新养生群体。他们愿意花费更多为健康买单。护肝片、生发液、提神棒等不少满足养生需求的产品在年轻人中大受欢迎。

趋势五：IP潮

IP是年轻人市场中的一大热门，根据我们的调研，62%的年轻人愿意为IP买单，品牌可以积极尝试与不同的IP合作，例如明星、电影、文创、游戏IP等，通过这种方式向年轻群体进行渗透。

趋势六：新奇特

过去的一年，越来越多的品牌不再满足于中规中矩的风格，开始推出"脑洞大开"的新奇产品，例如奥利奥的芥末、鸡翅味饼干，一经推出便成为"网红"，因满足了购物者的猎奇心理而广受追捧，可以说是产品本身就自带传播体质了。

趋势七：简约的包装、小而全的包装

近年来，突出便携性和简约风格的包装呈现出显著增长，为迎合这一趋势，品牌方们竞相推出小包装产品，例如25g装的"每日坚果"中不仅包含坚果零食，还搭配水果干健康食品，有助于鼓励消费者每日坚持食用坚果，并教育大家坚果的每日最佳食用量，不仅便利，而且更加人性化。

三、货源渠道的选择

一般来说,电商产品有以下四种货源渠道。

1.DIY(自己动手制作)

这是很多的手艺人和手工爱好者常用的方法。无论是珠宝类、时尚类还是天然护肤类,自己生产的产品,能够最大限度地把控它的质量和品牌,不过随之而来的成本也会相对高一点,包括采购原材料、库存管理等费用,还比较耗时,并且由于质量的把控以及手工制作,这类产品很难进行规模化量产,最重要的一点是,并非所有的产品都可以手工制作,这将受到你的技能以及可用资源的限制。

对于自制产品这一货源渠道来说,其特性如表2-1所示。

表2-1 自制产品的特性

序号	特性	具体说明
1	适合人群	手工达人,有自己独特的想法并且有条件自己生产产品,而且有可用资源的商家,也适合想要完全把控产品质量和品牌,初期投入相对低的商家
2	优点	(1)启动成本相对较低:自制产品不用像生产加工或批发那样需要大批量生产或购买产品,这样会使生产成本较低,而生产成本是电商生意起步的主要成本 (2)品牌控制:自制产品也就意味着你可以创立任何你想要的品牌,不受限制 (3)价格控制:能够自主地控制产品定位和价格 (4)质量控制:可以严格把关产品质量,确保产品符合你和消费者的预期 (5)灵活性:自制产品能够为你的经营带来最大限度的灵活性,你可以自由调节产品质量、细节甚至整个运作流程
3	缺点	(1)耗时:自制产品本身就是一个很耗时的过程,根据你的确切产品决定耗时的长短,这会让你没有太多的时间来建立和经营生意 (2)规模性:当你的生意逐渐做大,想要扩大规模发展的时候,自制产品的短板就会随之显现出来了,虽然说也可以寻找制造商的帮助,但是如果你已经建立了自己的品牌,就没这么简单了 (3)产品选择受限:你的潜在产品选择会受到你的手艺和你当前拥有的资源的限制,这个因人而异
4	利润	手工制品的利润是今天要讲的四种方式里利润最高的,因为可以自己控制成本和价格,不过要考虑的是单位时间产出效率
5	风险	风险低且不需要库存,可以接到单了再开始生产

2. 加工制造

如果不考虑自制产品的话，也可以选择找一个制造商来为你生产产品，这个制造商可以是国内的也可以是海外的。当然，相比海外制造商，国内制造商的成本还是低一些。

对于加工制造这一货源渠道来说，其特性如表2-2所示。

表2-2　加工制造货源渠道的特性

序号	特性	具体说明
1	适合人群	具有独特创意的产品或者现有产品的变体，请工厂加工都是个不错的选择，这个方法适合那些已经验证了产品市场需求并且对产品销售非常有信心的人
2	优点	（1）单价低：对于单价低的产品来说加工制造无疑是最好的方法了，这样可以获得最大的产品利润 （2）品牌控制：加工制造意味着你可以建立自己的品牌，不用受其他品牌规则的限制 （3）价格控制：能够建立自己的品牌，就能够给自己的产品定价 （4）质量控制：产品和品牌都是自己的，自然能够把控最终的产品质量，这点跟代销和批发不同
3	缺点	（1）最小订单量：制造商一般都有最小订单数量，如果对自己的产品销售没有极大的信心和把握，大批量生产可能会带来库存滞销 （2）海外制造商欺诈风险：在国内寻找制造商都有一定的风险，更别说国外了，被忽悠了很难讨回公道，像阿里巴巴这样的公司都有保护措施来防止客户被欺诈，但是万一遇上了，就是个让人头疼的大问题了 （3）时间长：从产品原型到样品再到细化再到生产，会是一个较长的周期，如果是海外制造商的话，还会存在因为语言、距离、文化带来的障碍导致延时
4	利润	这与合作的制造商相关，一般来说，自己的品牌利润会比批发和代销要高
5	风险	高风险高回报，加工自己的产品首先需要购买大量的广告资源，但是并不能保证这一定能推动销售，并且制造商通常有最低订单数量

一点通

当DIY的产品开始有不错的销量之后，就可以转由制造商来负责供应链工作，制造商其实主要是把你的产品成本降低，从而获得更多的利润。

3. 批发

批发相对比较简单直接，从制造商或中间商那里以折扣批发价直接购买产品，再以更高的价格转售出去即可。

和加工制造相比，批发的风险就低得多了，因为批发的产品本身就有品牌以及一定的知名度，并且没有设计加工风险，最小订单量也会比加工小得多，有的甚至1件都能批发。

对于批发这一货源渠道，其特性如表2-3所示。

表2-3 批发货源渠道的特性

序号	特性	具体说明
1	适合人群	想尽快开始电商业务或销售各种产品和品牌的商家，批发会提供广泛的产品选择
2	优点	（1）**品牌知名度**：如果品牌事先已经有了一定的知名度，后期也会节省一些广告成本 （2）**库存压力小**：批发的产品通常都是经过市场验证的，销售已经验证过的产品可以减轻库存压力
3	缺点	（1）**缺乏特色**：批发的产品不具有独特性，你在销售的同时，市场上肯定也有大量的商家在销售这款产品，需要表现出自己的特色才能留住消费者 （2）**价格控制**：一些品牌对自己的产品强行执行价格控制 （3）**库存管理**：相对于加工来说批发的最小订单要小得多，但不代表没有，这还是得取决于你的产品以及制造商 （4）**供应商关系**：如果你销售各式各样的产品，那么你就得花费更多的时间在供应商管理上
4	利润	在加工制造和代销理念里，零售的话通常会有50%的利润
5	风险	库存风险以及同质化竞争风险

4. 代销

代销是供应链管理中的一种方法，可以理解为直接代发货，零售商不需要商品库存，而是把客户订单和装运细节给到供货商，供货商直接把货物发送给客户，而零售商赚取供应商和零售价格之间的差价。

作为零售商，不用担心库存积压，甚至可以零库存，只要在有订单的时候，把订单转交给相应的供货商或者厂家即可，这与传统的销售模式完全不一样，零售商从头到尾与商品都没有实质的接触。代销货源渠道的特性见表2-4。

表2-4 代销货源渠道的特性

序号	特性	具体说明
1	适合人群	这是电商生意起步最低的选择,适合不太注重利润率,不用管理库存,又想要初步了解电商营销的人
2	优点	(1) 启动成本低:不需要购买产品库存 (2) 低风险:没有库存积压风险 (3) 便于管理:只要有台笔记本你就能在任何地方轻松管理你的业务
3	缺点	(1) 高度竞争:一个产品,一定有很多的商家在销售,因为对供应商来说,代理销售的商家肯定是多多益善的 (2) 利润率低:因为赚的只是供应商和零售价格之间的差价,所以利润不会很高
4	利润	通常为15%~20%
5	风险	风险相当低,因为不需要库存,也不用担心运输问题,但是,还是会有一些风险,这来自于非常低的利润和非常高的竞争力

四、供应商的选择

对于商家来说,不管是从哪种渠道来采购货源,都需要对应的供应商。如果是DIY,需要提供原材料和零部件的供货商;如果是加工制造,则需要有工厂资源;批发的话需要跟分销商打交道;代销则需要商家找到能够代发货的制造商和直营经销商。

1.供应商的分类

我们在这里按地域把供应商分为以下两类,即国内供应商与国外供应商。两者之间的区别如表2-5所示。

表2-5 国内供应商与国外供应商的对比

供应商	优势	劣势
国内供应商	(1) 国内供应商多,商家们有更多选择 (2) 价格和成本都较低 (3) 易于沟通,没有语言障碍 (4) 运输时间快	知识产权保护力度不够,存在品牌商标等相关侵权问题
国外供外商	(1) 较高的生产质量和标准 (2) 知识产权保护,品牌意识强	(1) 语言不同,沟通存在障碍 (2) 成本高,价格贵 (3) 运输时间长 (4) 产品进口和报关

2.寻找供应商

对于供应商的寻找，大致有两以下两种方法。

（1）网上关键词搜索。通常来说我们在搜索一个关键词时一般只注重第一页的搜索结果，但是很多供应商的SEO做得可能并没有那么出色，没有跟上互联网不断变化的搜索引擎优化规则，所以他们通常都没有列在首页，这意味着我们需要挖掘得更深一些，后面几页的搜索结果也不要忽视。

除此之外，我们还需要尝试各种关键词搜索。

比如批发，批发商和经销商等词可以互换使用，每一种组合都需要尝试着去搜索。

（2）平台网站获取。有些资源可以从免费的平台和网站获取，这些平台和网站囊括了无数供应商的信息，通过这些平台可以获取自己想要的信息。

（3）他人推荐。有时候找到潜在供应商的最佳来源可能是通过别人推荐。在社交网络上向大家寻求意见也不失为一个好办法，现在的社交网络已经相当便捷，让"推荐"变得更加的简单，尝试搜索你要找的行业人员，并请他们介绍相应的供应商。

3.邮件询价

询价是相对简单的过程，但是首先你要确定好图2-1所示的关键问题，这样可以帮助你提高邮件的回复率。

 最低订单量是多少？

你要确保他们的最低限度你可以接受，这个最小订单数量可能会根据你的产品和供应商而有所变化，因此务必要提前咨询好，但是最低订单量大多数时候是可以协商的，这点需要注意一下

 样品定价是多少？

一些供应商可能会以零售价为准，有些供应商也会以折扣价为准，甚至还有的供应商会免费提供样品

 产品定价是多少？

产品的单价成本是最重要的问题

4 产品周转时长是多久?

要知道你的订单需要花费多久的时间,根据确切的生意,时间必须严格把握

 5 支付条款是什么?

这个问题也很重要,因为库存成本是电商起步的主要成本之一,有些供应商会要求商家支付前期的全部订单费用,你需要知道他们是否会提供后期订单的付款条款

图2-1 询价需确定的关键问题

相关链接　　给供应商发邮件的小技巧

发邮件给供应商不见得对方一定会回复,因为很多供应商都受到过询价邮件的轮番轰炸,大多数都只是随便问问,因此供应商们并不会一一回复所有的邮件,那么如何避免被忽视呢?在第一次联系供应商时,我们要注意以下几点。

1. 用私人电子邮件

供应商们每天都会收到大量的邮件,想要他们回复你,除非让他们认为你是一个潜在的客户。你可以花点钱,买个域名,因为以域名结尾的邮箱发送会上升一个档次。

2. 第一封邮件清晰简洁

不需要赘述你的故事和背景,简洁明了地表达你的目的,找到合作点,聚焦供应商关心的事情。

3. 避免要求太多

不要一上来就各种要求各种报价,只要询问最符合你需求的几种标准和价格即可。

4. 订购量太少

如果你需要的订单量远远低于供应商的最低订货量,那邮件沉入海底也理所当然了,所以最好是提供真实且满足最低订单量的信息。

如果你询问的是海外的供应商，在许多情况下，他们可能会使用翻译软件来翻译你的电子邮件，以及编辑他们的答复，因此保持电子邮件简短、简洁，格式正确，没有拼写错误，这将不仅有助于他们理解，也会让你得到更满意的答复。

写询问邮件的时候最好把你的问题编号，特别是在面对海外供应商时，以便于他们能够轻松回复每个问题。

4.协商最小订单量

假如你是第一次寻找供应商，可以先快速了解最低订单量，最低订单量通常都取决于你的产品、行业、供应商以及你的经营方式。

（1）如果是批发，最低订单量可以从几个到几十个甚至更多不等。

（2）如果你是代销，通常没有最低限额，因为不需要预先购买库存。

（3）如果是要重新加工自己的产品，最小订单量通常都会比较高，几百到几千不等。

（4）如果资金有限，或者只是小规模地测试市场，然后再进行大规模购买，最小订单量对你都会造成限制。

对此，作为运营人员，首先你要了解供应商为什么会有最小订单量，是因为在机器加工前有很多前期工作？还是因为他们只是喜欢与更大的客户合作？这些事先都要摸清楚，了解原因将更好地了解他们的立场，也能对你与供应商的谈判有所帮助，所谓知己知彼，才能百战不殆。一旦更好地了解了供应商，你就可以尝试着要求更低的订单数量了。

一点通

你可以告诉供应商，第一单的时候先让你有个缓冲期，先下小单，这样你能投入更多的钱在推广这个产品中，这能让供应商感觉你对销售他们的产品有很高的意向。

五、农村电商选品策略

农村电商一般分为农产品上行、工业品下乡。这里，我们主要讨论农产品上行的选品策略。

1.农村电商选品的方向

现在的各个电商平台,所有你能想到的东西,都有人在卖,而且都有很多商家竞争,而唯独农产品,整体品类和商家还比较少,还算是一个蓝海。不是因为想不到,而是因为农产品有些天然的劣势:非标品、保鲜期短、上市期短、损耗大等。因此,要想做好农村电商,需从以下两大方向来选品。

(1)产品聚焦。产品聚焦是指主推某一种或某几种产品,通过单品体量来控制标准化、摊薄物流、包装成本,最大限度降低损耗。不过采用这一方式,需注意图2-2所示的事项。

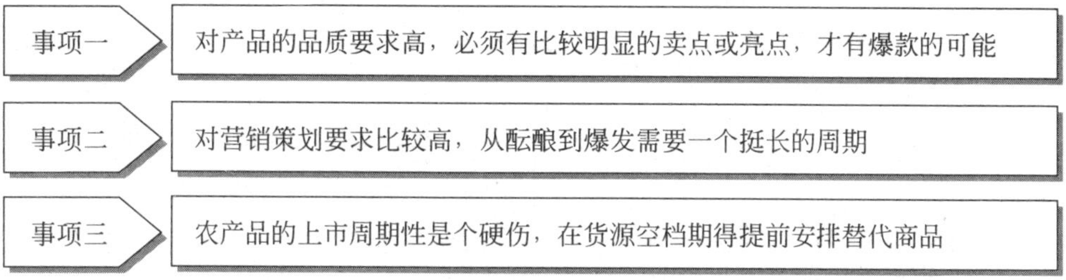

事项一 对产品的品质要求高,必须有比较明显的卖点或亮点,才有爆款的可能

事项二 对营销策划要求比较高,从酝酿到爆发需要一个挺长的周期

事项三 农产品的上市周期性是个硬伤,在货源空档期得提前安排替代商品

图2-2 产品聚焦需注意的事项

(2)多元化布局。多元化布局就是把能找到的不错的货源都安排上架,间隔一段时间进行筛选淘汰,再不断上架新品,做到品类齐全。

比如,你准备卖家乡的土特产品,前期主要客户群瞄准的就是在外务工的老乡,他们时常会想念家里的味道,对应的我的店里就会尽可能多地把家乡的产品上架,供客户选择。

2.农村电商选品的步骤

选择好方向后,就要具体选品了,可按图2-3所示的步骤进行。

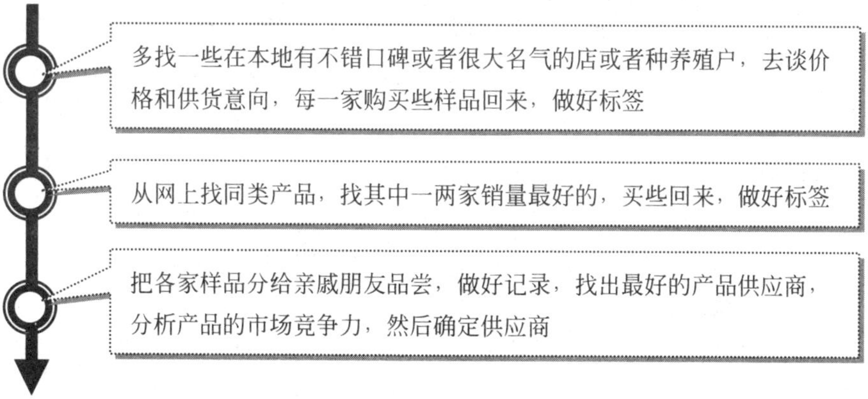

多找一些在本地有不错口碑或者很大名气的店或者种养殖户,去谈价格和供货意向,每一家购买些样品回来,做好标签

从网上找同类产品,找其中一两家销量最好的,买些回来,做好标签

把各家样品分给亲戚朋友品尝,做好记录,找出最好的产品供应商,分析产品的市场竞争力,然后确定供应商

图2-3 农村电商选品的步骤

3.农村电商选品的关键

不管哪种思路,货源一定要具备两个必然要求:一是供货稳定,不能今天有明天没有;二是保障品质,不能今天是这样的明天是那样的。

品牌化,是提高农产品溢价能力的有效方式,也是降低消费者选择难度的有效办法。品牌化运营,可以不断积累自己的黏性消费群体,沉淀自己的流量,也是未来新农业的发展方向。

相关链接　　农村电商选品的注意事项

选择什么样的产品成为农村电商创业初期最为重要的关键点。一旦开始的方向选错了,那么后面多数做的就是无用功了。而产品的选择无非就是农村本地的特色农产品,如果能将本村特色的农产品卖出去打开市场将会是一个非常可观的前景。不仅自己得到了收入,对于带动农村发展也是很好的促进作用。

农村电商在产品选择上应该注意和遵循以下要素。

1.产品特色

选择的特色农产品可以是食用农产品或家乡特色小吃。目前都提倡绿色无公害,而农村很多地方还保留着绿色无公害的产品。

2.产品品质

必须要保证产品的品质问题,因为农村特色产品多为代代相传流传至今的特色,在制造工艺上没有正规检测,虽然平时也没出现问题,但是如果真正检测起来还是会存在问题,所以选择产品上必须要考虑到产品的品质问题。

3.产品供应链

农产品上线最大的一个问题就是供应链的问题,如果打开农产品市场后,产品大量求购,农村生产条件有限,是否能够满足产品供应?

4.产品运输

虽然现在物流发展迅速,技术也非常先进,但是我们依然要考虑到产品的运输问题,因为多数都为食品,要保证食品质量、保鲜、安全。

5.产品消费群体

选产品时,一定要分析好客户群体,针对客户群体,对产品的包装、运行做好规划,才可以更好地销售产品。

六、跨境电商选品原则

跨境电商选品的黄金原则主要体现在两个方面——产品和市场。有产品没市场,或者有市场没产品都不行,二者相辅相成,缺一不可。

1.产品

对于跨境电商来说,一款好产品往往具备图2-4所示的特征。

特征一	安全可靠,用了不容易出安全事故

比如食品,进出口食品类产品需要面对严格的检疫和检验,出口美国的食品必须有美国食品药品监督管理局的认证

特征二	有鲜明的使用效果

比如做了减震处理和可调节尺寸设计的宠物遥控项圈,减震的功能能保证宠物受训的时候不受惊吓,而可调节尺寸则兼顾了宠物成长过程中的舒适感

特征三	选择快消、复购率高的产品

避免那种买一次可以用很久的产品,跨境电商不像传统外贸,可以开张就吃三年

特征四	保质期较长,易运输和存储

为什么食品在很多跨境平台要求那么严格,其中一个原因就是因为食品普遍保质期短,而很多平台的物流交付多则会花上好几个月

图2-4

| 特征五 | 售后简单 |

都知道物流是跨境电商最大的痛点，售后则不仅牵涉到了物流问题，还涉及货损，严重的时候还有可能影响到店铺信誉问题，总之，做跨境，售后越简单越好，最好可以不影响二次销售

| 特征六 | 行业成熟，供应链健全 |

产品一旦出现卖爆了导致供货不及时或者质量不稳定的问题会很糟心，一个不小心就可能被打回原点

图2-4 好产品应具备的特征

一般来说，大体上比较符合以上几个原则的有鞋服、时尚、美妆、宠物用品、家居用品等几个大类，落实到具体的产品属性的时候还得商家自己去根据不同的产品使用场景与需求逐个分析，寻找差异化。

2. 市场

产品要拿到市场上去卖，没有市场，产品好到天上去也不会有人买。而关于市场对选品的影响，可以分为两部分——市场容量和市场竞争情况。

（1）市场容量。市场容量决定了你的产品能有多大的销售空间，你的产品再好，如果没有人需要那也是没用的。最好的方法就是直接在平台上输入关键字来测算。

比如，在非洲电商平台上搜索shoes，出来的产品只有16.8万件，在亚马逊上搜出现了30多万。

当然了，市场容量并不是说越大越好，比如美欧市场的那些红海产品，容量惊人，但并不好卖，这就要引出下一个需要考虑的因素——竞争情况。

（2）市场竞争情况。光有市场容量可不行，还得看看你产品的竞争情况。做的人多不多？做得怎么样？

比如3C电子类，充分满足了以上几点，安全好用、复购率高、易运输，市场容量也大，但是为什么一般不建议新手做？这是因为诸如anker（美国3C电子产品）等品牌实在是太强大了，不管是产品性能、价格还是图片等，各方面都具有压倒性的优势。在这个品类中，如果你的产品在其他方面有优势，尤其是工厂或传统外贸转电商的，可以在价格、款式和功效等环节制造差异化，也还是有很大的发挥空间的。

相关链接　　　　　　跨境电商选品的策略

1.通过关键词选品

所谓关键词选品，就是通过搜索关键词的参数质量，来决定选品方向。那么决定关键词选品的参数有哪些呢？

（1）搜索量。这个很好理解，搜索量越大，意味着潜在客户越多。

（2）商品关联度。搜索量不代表购买转化，所以我们需要选择与商品关联度高的关键词，这样才能最大效率提高购买转化。

（3）搜索结果数。搜索结果越多，说明竞争者越多，搜索结果少，说明竞争者较少，更有把握成功。

另外就是长尾关键词了，所谓长尾关键词，就是搜索量没有核心关键词那么多，但是商品关联度却比较高的词。多覆盖这类关键词，对于提升曝光是有很大帮助的，而且在投放性价比上也比较有优势。从关键词洞悉销售机会见下图。

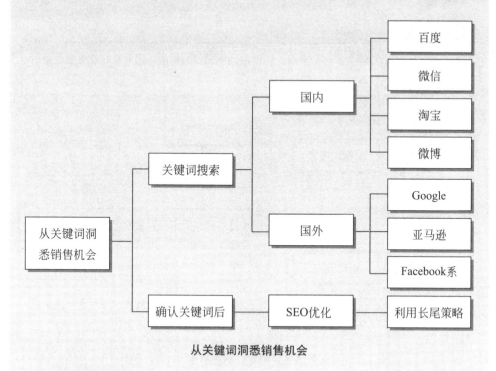

从关键词洞悉销售机会

2.关注潮流

你需要保持对售卖商品细分领域的持续关注。对于趋势的把握，一方面能够帮助你明确选品的目的是赚快钱还是做长期生意；另一方面也能够帮助你跟随市场趋势，选中最受消费者青睐的商品。如下图所示把握产品的成长期机会和趋势。

把握产品的成长期机会和趋势

3.寻找市场痛点

在新兴市场，寻找市场痛点切入的策略会非常有效，找到用户尚未得到满足的需求，交付合适的产品即可。如果是成熟市场，那么就不太可能存在明显的痛点了，这时候，需要我们"包装痛点"！如下图所示寻找客户痛点并解决痛点。

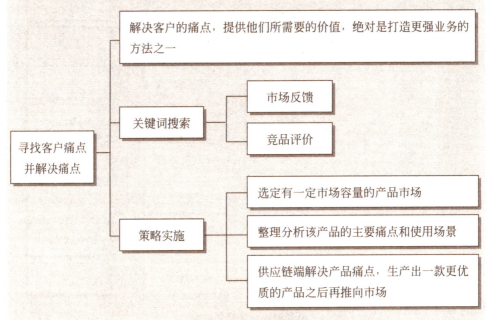

寻找客户痛点并解决痛点

4.消费者调研

当大的品类已经确认后，需要认真考虑受众群体的喜好，才能挑选出合适的细分品类进行销售。以香水为例，不同国家的人群，因环境、文化、习俗的不同，有不同品类的偏好。这就需要我们提前做好功课，针对当地客群的实际情况，选择对方最乐于接受的品类。如下图所示调查和迎合消费者喜好。

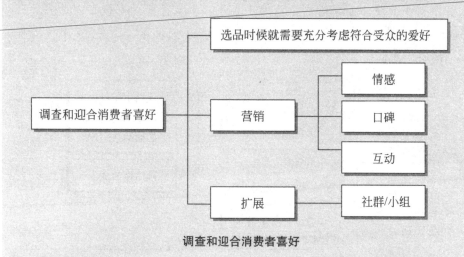

调查和迎合消费者喜好

5.成为消费者

当你挑选商品时，需要让自己变成一名消费者，这样你能够从客户的角度，去思考怎样的商品呈现、文案宣传、互动形式，才能够最打动你。能够以消费者的角度，快速提炼出特性和优势的商品，才是你值得选择的。投身你有激情和兴趣的产品领域，如下图所示。

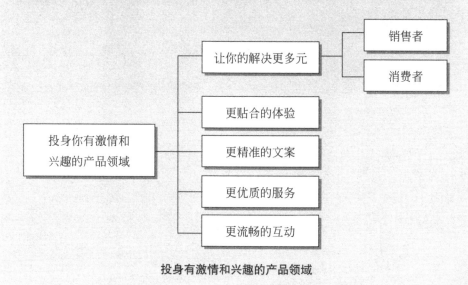

投身有激情和兴趣的产品领域

6.用新品打市场

当你通过调研发现了一个蓝海市场,那么接下来就是去评估这个市场的规模,以及用怎样的成本和方式去触达目标客户;同时,你还需要了解潜在的竞争对手数量(如果潜在竞争对手太多,很有可能对方也在开发同类产品);最后,就是根据调研情况,判断是通过现有产品迭代还是研发新品。如下图所示寻找机会差距。

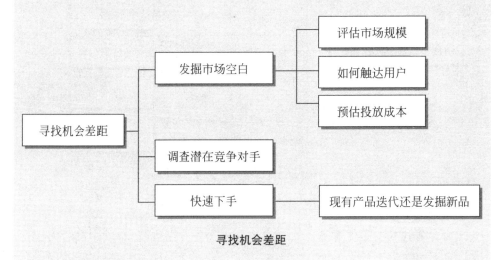

寻找机会差距

7.选择熟悉的领域

这点和炒股一样,选择你熟悉的领域,这样你才能够比对手更有优势,在选品中可能遇到的谈判、抉择时也会更有底。

第3章

店铺美化

阅读提示：

在某种程度上来说，店铺的视觉美化可以让顾客更便捷地找到所需要的产品，从而带来更多的点击率和转化率。

关键词：

⇨ 产品布局

⇨ 页面优化

⇨ 详情描述

一、店铺产品布局

店铺产品结构正常有以下六个部分构成：爆款、引流款、利润款、潜力款、活动款和沉睡款。

1. 爆款

爆款就是三高产品，即高曝光、高流量、高订单。如果一个店铺能有5款左右的爆款，就足够支撑整个店铺的销售额了。

2. 引流款

引流款就是给店铺和产品带来流量的产品。换种说法，就是冲量产品。目的只有一个，只要有人进来店铺看一看、瞧一瞧就足够了，至于产品是否赚钱还在其次。所以，一个店铺必须要有引流款的产品，当然不需要多，有2～3款就可以了。

3. 利润款

利润款是赚钱的主力产品。通常来说一个店铺除了爆款和引流款，主要的盈利点来源于利润款。

利润款务必要留下一定的打折空间。至少能够扛得住20%折扣之后，还可以继续赚点，目的就是为了报名参加每年的大促。

4. 潜力款

其实这个也是利润的来源，只是说利润没有前面介绍的利润款那么高而已，也就是平平淡淡的产品，销量不高但是平时还有单出，推推也许还能提高销量。

针对基本款的产品，如果体积相对比较小，而且还有一定的市场，店铺就可以多上传几个批发目录，比如10pcs/lot、20pcs/lot、50pcs/lot等。

5. 活动款

活动款是专门用来参加平台活动打折的产品，其实活动款的利润率没法去评估，比如有些商家就是准备一些热销、引流的产品来参加活动，目的就是为了引流，给整个店铺带来流量，提高整体的销量；有些商家则把利润率控制在30%左右，主要是用来参加大促活动赚钱的。

不管活动款赚不赚钱，但是活动款一定是带来高流量、高订单的产品。

6.沉睡款

沉睡款估计一个月也出不了几个单，但是没有它不行。因为这种产品的存在完全是考虑店铺整个产品布局，目的只是为了完善店铺的产品结构，采用"放养式"积累销量。

比如说你是卖键盘的，店铺全部是小型Mini键盘，这时候你要传个竹子键盘或者投影键盘，外观上看上去比较炫酷的，虽然一个月出不了几个单，但是丰富了你店铺的种类。

相关链接　　淘宝新店手淘首页如何布局

1.首屏的策划

首先要根据店铺的现实具体情形选定一个合适的主题，下一步就是对这个主题进行对应的首屏策划。

（1）店铺活动策划。店铺活动为主题的首屏，尤其是参加官方活动的，活动本身的知名度和促销力度就是相当有吸引力的内容。以品牌团为例，在策划稿的最显眼位置就可以放置参加品牌团相关的活动广告，再将活动内容/形式、活动时间和优惠券等重要信息选择合适的位置设置，其中活动时间不需要很大的篇幅，但是千万不要遗漏。调整首屏所需元素位置和大小后，将具体文案内容补充完整并设计出稿。

（2）单品推广策划。单品推广为主题的首屏，一般采用该单品产品的最大卖点为主要表达内容。例如爆款单品的首屏就可以用产品销量为主打内容，加上产品图，产品图旁边配上该产品主要信息和价格，另外该产品如果有对应的活动，比如赠品和优惠券等也要在适合的位置加以表达，以最大限度增加产品吸引力。

调整好各版块大小和位置，将具体文案确定并设计出稿。如有特殊的节日类，在背景的选择上也不妨加入相关元素，更加突出气氛。

（3）店铺活动加单品推广的策划。很多情况下，店铺促销活动和单品热销的吸引程度差不多，或者有较强的需求推广某个产品，可以选择让店铺活动和推广在首屏上同时展现。首先将店铺活动的标题内容选定适合的位置，再将推广单品图片和单品卖点选定位置，同时展现单品和店铺活动的关键在于合理分配区域位置和大小，这可以根据对买家的吸引力而定。规划好布局后，将具体文案补充完整，适当调整位置和大小，设计出稿。

2.首屏主题的确定

根据店铺实际情况选定一个主题，淘宝店铺首屏主题的选择常用的有三种方案，第一种是店铺活动，第二种是单品推广，第三种是品牌文化的宣传。

（1）店铺活动。店铺活动是每个品牌在店铺当中的常规活动，每个店铺或大或小总会有一些促销活动，不同的促销力度对于客户的吸引力会有很大的差别。

① 品牌团。官方活动聚划算就是被大量采用的活动类型之一，参加品牌团的促销力度相对比较大，可以提高品牌的曝光度。

② 双十一/双十二活动。此外，淘宝还会举办各种季节性的大型活动，比如双十一、双十二、年中大促等，在此期间大部分的店铺不管是否报名参加都会采用这个活动主题。

③ 店铺常规活动：换季、节日。参加官方活动的费用比较高，要具备相应的条件才能参加。官方活动之外就是店铺开展的一些促销活动了，店铺活动中比较常见的主题，是符合当下季节或者节日特殊日子的相关题材。

④ 店铺常规活动：店庆、清仓。周年庆典是被普遍采用的活动主题，清仓甩卖也是比较有吸引力的题材，而且适用时间上比较广泛。

（2）单品推广

① 单品聚划算、爆款。单品推广的主题适合店铺中推成爆款或者想要提高某款产品的转化率，比如有参加聚划算单品的产品，或者是已经打造的爆款，销量在同行业中占有一定的份额，其效果自然非常可观。

② 新品上市、特价促销。单品推广的主题也适用于新品上市，并且是打算全力推广的产品。再者，折扣特价促销的产品也可以作为首屏题材。

以产品作为首屏主题的还有很多，但是它们都有一个共同点，那就是这款产品在本店铺中占有至关重要的位置。首屏的推广对于一款产品的销售具有极大的帮助，同时推广一个好的产品才能让店铺的知名度、影响力越来越大，从而带动店铺的销售。

（3）品牌宣传。品牌宣传适用于达到一定认知度以及在行业中有一定的知名度的品牌。

3.示例推荐

以上是首屏策划的常规内容，策划一版优秀的首屏还需要长时间的积累经验，对产品、节日、时事话题等元素进行充分挖掘和巧妙使用才能造就一部令人印象深刻、效果优良的作品。

（1）特殊日子的运用。对某些时下流行的话题或是被广泛流传的特殊日子的充分挖掘和运用，通过简洁有力的文案从而达到有力的表现效果。

（2）产品特质的展现。对产品的各种方面全面了解和良好把握，抓住产品的某个特性，将该特质配合诱人的文案充分展现给客户，从而深层激发客户对产品的兴趣和购买欲。

（3）产品的优秀展示。把画面的主体留给引人入胜的背景，中央黄金区域充分展现产品。将文案区域框定，使其虽然位置偏僻却依然不失吸引力和可读性，同时文章的背景色设定也和背景融合为一体，充分展现产品、背景的画面感，从而产生强大的吸引力。

（4）特殊话题的运用。通过对一些特殊的或者敏感的话题的特殊运用，给客户留下深刻印象，对部分客户具有极大的购买引力。

（5）展品放大展示。运用对产品的放大处理，直接展示产品本身，使产品的展现非常的细致和具有立体感，再加上一段画龙点睛的文案的推动，将产品对客户的诱惑力达到极致。

二、店铺页面内部优化

店铺与产品，现在都讲究眼缘，客户连看都不想看的话，还谈什么购买呢？

在运营人员的眼中，一个好的页面除了美观，还需要引导客户，增加访问深度，引导收藏加购，以及达到最终成交的目的。在运营的思维中，数据能说明一切，运营的关注点是浏览量、页面点击数、访问深度、点击率、跳失率、停留时间、引导转化率、引导客户数等，后台数据不好的话，再美的页面也是浪费。那如何保证进入页面之后，能减少客户跳失率，增加访问深度呢？其秘诀就是做好店铺页面内部优化，具体措施如图3-1所示。

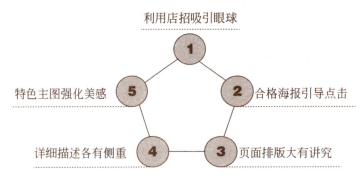

图3-1　店铺页面内部优化的措施

1.利用店招吸引眼球

店招除了展示LOGO和标语外,也可以放上店铺活动期间的优惠券,或者主推款式,图3-2所示截图中的这家店把上新、热卖款和正在参加的聚划算活动都放在了店招上,让客户刚进店就能吸引住他们的眼球。

图3-2　电商店招截图

> 手淘店招上可以利用第三方软件做收藏店铺送优惠券的活动,从而引导客户收藏店铺。

2.合格海报引导点击

什么样的海报才算合格呢?合格的海报要符合店铺基调、突出活动主题氛围。从活动主题来看常见的有:清仓、上新、节假日。店铺每个时期的主题要让进店的客户一目了然,从而引导点击。

3.页面排版大有讲究

一个页面排版其实也表明了店铺的战略方向,纯粹卖货、快时尚、调性、品牌、情怀这些方向的排版重点各不相同。常规的页面排版大致分为图3-3所示的三类。

第一类	分流型主要用于产品较多的店铺，目的是为了展示更多的产品，增加曝光率、访客深度
第二类	聚流型主要用于产品数量较少的店铺，多适用于标品，首页展示主推产品
第三类	品牌推广型页面就比较特殊了，适用于基础较好的店铺，作用主要是加深品牌化运营

图3-3 常规页面排版的类型

4.详细描述各有侧重

详情页的产品描述有两个根本点，即以非专业人士眼光描述产品、突出产品价值点。同时产品详情描述还有以下四个要点。

（1）把握前三屏信息内容。详情页前三屏直接决定了客户的购买欲望。

（2）情感营销。很多客户都是属于冲动消费型的，若是把客户的情感需求加入详情页，形成情感共鸣，那么就能快速促成交易。

（3）删除暂缓购买详情页。若是对促成交易没有太大作用的页面，都可以精简化。

比如做女装类目的店铺，商品信息描述及尺码描述就没必要占用过大的空间，把可贵的空间多展现在重点内容上。

（4）差异化。一个健全的详情页必须具备的内容：产品信息、尺码图、模特信息、产品图、细节图、场景图、物流说明、服务说明、关联营销。而我们要做的就是差异化页面、图文结合、差异化的文案，这是很重要的，玩的就是创意和挖掘客户需求点。

比如同是卖纸巾的店铺，同行的卖点都是舒适、加厚之类的，若是一家能以生态原浆纸作为卖点的店铺，那么必能在同质化的市场中立足。

当然不同的类目详情页展示侧重点也不一样，具体如图3-4所示。

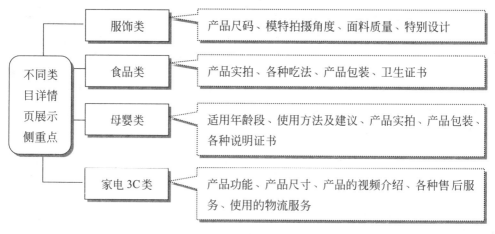

图3-4　不同类目详情页展示侧重点

5.特色主图强化美感

若是你的主图足够吸引人,可能客户不用看你的详情页就会直接下单了,所以主图是非常重要的。那么在主图同质化的今天,如何做出一张有特色的主图呢?

(1)拒绝不一致的场景图。一张合适的场景图不仅能够引起视觉的美感,更能进行角色代入。相反,若是与产品不匹配的场景图就会起到反效果,让客户有一种挂羊头卖狗肉的感觉。

比如,主打田园风的产品,结果场景图是居家;主打OL风的产品,结果场景图是校园一角。

(2)背景色很重要。观察一下竞争对手,若是大家都是偏白色背景,那么我们就用深色背景,在小小的屏幕上若是吸引了客户的眼球,那么就成功了一半。

> 背景色一定要结合产品实际情况,不要为了突出而哗众取宠,这样会起到反效果。

(3)模特的选择。选择模特的标准,肯定不是以身高体重来衡量,我们选择模特肯定是要根据你要卖的衣服来选择,比如衣服的风格、适合的人群及年龄阶段,这些要分析清楚才能更好地选择模特。

比如,一家主打舒适的女士内衣店,客户年龄段在28～35岁,我们先按销量搜索行业TOP20产品,然后锁定与店铺客单价差不多的水平。观察TOP20的产品主图,会发现他们模特的共性:性感、火辣、女神、浓妆艳抹。如果我们也用这些共性的话，那么自然是没有优势的。不妨换个角度思考一下，同行浓妆艳抹，那么我就选择淡妆；同行披肩散发，我就盘发马尾；同行性感火辣，我就随性居家。这样便能从模特的形象入手拉近与客户的距离。

另外，服装的形是由模特的身段和姿态来表现的，因此，要根据服装的类型、款式来选择模特。任何一件服装都是因不同模特的容貌身段和气质而呈现出不同的风采，好的模特能够体现服装的风格、特点，表现得丰满、贴切、自然。

三、商品详情描述

一个好的详情页，是可以留住客户、打动客户，让客户购买产品的。通过详情页的文案描述，以及详情页的画面展示，我们要达到的目的就是完成成交。即便客户暂时不成交，也会打动他们的心，让他们对我们的产品印象深刻。也就是退而求其次地让客户对我们的产品产生好的印象和购买意向。

很多店家的详情页只是简单地展示产品照片，并没有对产品本身具备的各种优点进行剖析和描述，这样会让客户在看详情页的时候，感觉平淡如水。我们应把产品的好通过合理的方式介绍给客户，让客户能够感受到，这就是卖点。同时，把产品的特性，以及产品能帮助目标客户人群解决的问题剖析出来展现在客户的面前，这就叫痛点。提炼了产品的卖点，并真切地满足了客户的痛点，这样的一款详情页才是好的详情页。

具体来说，一个好的详情页应该具备以下内容。

1.宣传海报图

通常详情页的第一部分为宣传海报图，详情页中的海报能够重申活动内容。

很多客户进到我们的店铺之后，是不会直接进入首页看是否店铺存在活动的，因此需要我们将每个页面的详情页中设置好活动海报，这样每个客户在进入到我们的详情页中，就可以很直观地了解到近期的活动内容。如果活动较多，则放置活动力度最大、活动规模最大的海报即可。

一般来说，我们店铺在设计的时候，可在店铺首页和详情页中放置相同的活动海报，以达到活动曝光最大化的效果。如图3-5、图3-6所示。

> **一点通**
>
> 活动海报的高度不限，但在制作中为了美观大方，可将这个海报设置与店铺首页的海报长宽比设置相同，以达到整体统一的效果。

图3-5 店铺首页活动海报截图

图3-6 商品详情页活动海报截图

2. 关联销售位置

设置关联销售是为了让我们给客户提供更多的产品选择，关联销售的产品一定要和我们详情页的这款产品本身具有关联性。

比如，我们这款产品是一件连衣裙，那么关联销售就要推荐与连衣裙相关的内容，可以推荐同类型不同款式的连衣裙。这样可以给客户提供更多的选择，减少跳失率的同时，还可以获得客户同时买好几件的概率，达到提高销量和客单价的作用，一举多得。如图3-7、图3-8所示。

图 3-7　产品页面信息

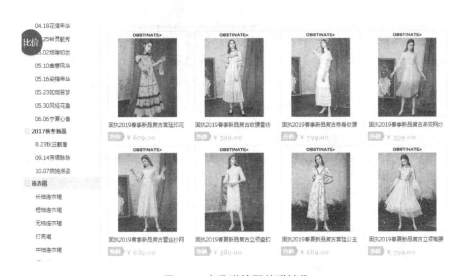

图 3-8　产品详情页关联销售

由于关联销售和活动海报图已经占据了我们详情页的开端，为了避免客户在还没看到产品就看到了很多其他广告下对于产品的兴趣降低，因此，这两部分内容应尽量控制在一到两屏之内，以便让我们的"正主"——产品本身的详情页有更多的空间和位置去展示。

3.产品创意海报

这部分内容主旨是抓住客户的眼球，让我们的产品通过精致的海报形式完全展现在客户面前。通常这部分海报图为产品全图，也就是说产品的形态以及产品的亮点可在这部分内容中展示出来。

食品类的可以展示为外包装图加上食品的细节图结合。这就需要我们在拍摄的时候提前想到对于产品如何充分构图。如图3-9所示。

图3-9 商品详情页截图（一）

服装类的产品创意海报可以设计成为实景拍摄图加创意文字等，创意海报部分的图片最好用场景图片。避免直接使用白底图片，因为场景图相比白底图片拥有了很多附加值。

例如早餐产品，可以将场景图拍摄成为一个温暖的上午，阳光从窗户斜射到美食上，温馨的小屋再配以美味的早餐，让人第一时间体会到那种舒适惬意感，视觉感官会让客户脑海中不断脑补自己在家中吃早餐的场景，整体画面就自然而然地把客户带入到了遐想当中。这样的切身体会的遐想，让人即使在没有见到产品的时候，都能够很自然地去通过脑补联想产品的特点和用处，可以大大减少我们对于产品的卖点介绍，比较白底图片来说画面表达更丰富。

产品创意海报同时也是整体展示图片。在详情页制作中，需要我们花更多的心思来完善它。

4. 卖点、痛点展示

通过第三部分产品整体展示的带入，我们进入到了卖点和痛点的环节。这一环节需要我们提前做好产品分析，了解自身产品的卖点和痛点都有哪些。在这个部分我们可以展示产品的多个卖点或者能为客户解决的多个痛点，可通过逐条分析的方法将痛点展示出来。

比如,沃隆每日坚果的详情页中,就将产品的卖点从以下几个方面一一展示。
(1)6种搭配,科学配比。
(2)甄选全球每一颗。
(3)轻加工,健康好滋味。
(4)量身定制,独立包装。如图3-10所示。

图3-10 商品详情页截图(二)

这里需要我们提前拍摄好产品的卖点细节图，以及产品的痛点应用图等。展示产品卖点和痛点的内容可以分成几屏展示，篇幅可以比之前的海报图等稍微长一些。

5.产品信息、规格尺寸等

产品的规格尺寸是必须要设置的内容，相比较其他内容而言，它的功能性最强，主要是用来让客户充分了解产品的成分、重量、材质含量，服装类的需要具备身高体重适合的服装尺寸类型。这部分内容是每个详情页都必须设计的，通常以文字和表格的形式展现出来。有些店铺会把产品信息提前放入到产品的创意海报下，具体的位置布局可以根据店铺的需要而定。如图3-11所示。

图3-11　商品详情页截图（三）

6.对比图

有很多店铺会给产品详情页中做一组对比图，有新老款产品对比的，也有和竞争对手对比的，目的在于进一步突出产品与其他产品的不同优势。对比图可以不需要实拍，可以直接从网络中搜索一些相关素材进行制作，以达到对比的作用。如图3-12所示。

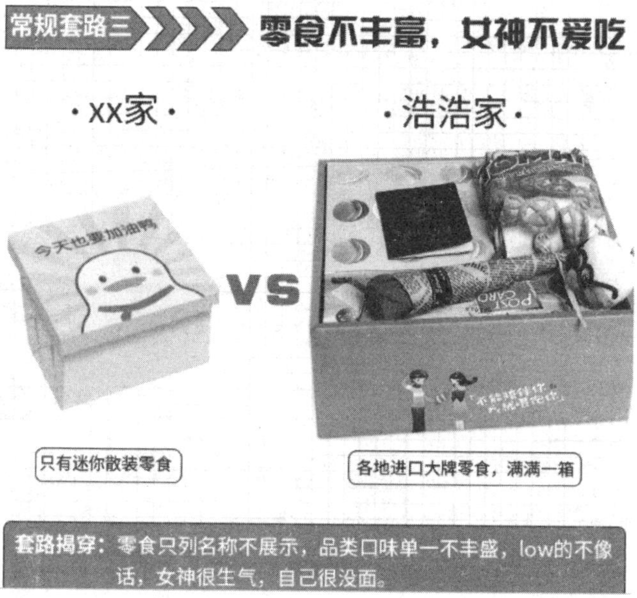

图3-12 商品详情页截图（四）

7.包装展示图

包装展示图可以为白底图片，主要是展示产品的所有包装，甚至是产品的打包包装等，让客户能够对自己收到的货物提前有个预期，不至于产品发到客户手中客户都不知道自己买的是什么。如果制作得细致的话，可以把包装的尺寸大小标注出来，清晰明了即可。如图3-13所示。

图3-13 商品详情页截图（五）

8.品牌介绍、品牌资质、厂家实拍图等

如果是大品牌的产品或者是原厂生产的产品,为了进一步增加产品的可信度,让客户放心我们产品的质量,在此部分可以加入产品的品牌介绍、产品的品牌资质实拍图或是厂家产品生产实拍图等。这一部分内容的篇幅不宜过长,毕竟我们还需要考虑到产品详情页的图片加载问题。如图3-14所示。

图3-14　商品详情页截图(六)

9.物流信息、购物须知、七天无理由退换货等

这一部分内容主要展示物流内容、发的什么快递、预计几天到达、哪些地方不包邮、需要补充的邮费价格,以及产品退换货流程等。主要是让客户提前了解到购物时候可能产生的问题以及解决方法,避免因为物流慢而产生大量差评。七天无理由退换货则可以让客户在购买时更加放心。如图3-15所示。

以上为详情页中应该具备的内容,商家可以根据自己的店铺需求来完成详情页的布置,为了避免页面篇幅过长导致加载困难,可以从以上九部分中摘选出最适合自己店铺的内容进行设计。

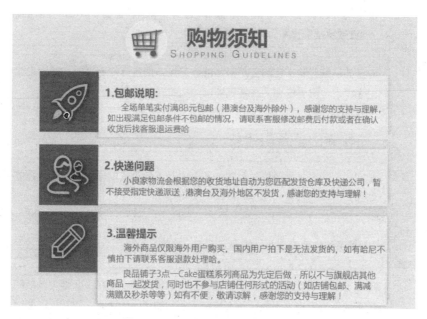

图 3-15　商品详情页截图（七）

四、店铺产品陈列

产品陈列是店铺经营中需要掌握的必备技巧，也是客户进入店铺的第一印象，好的陈列展示能为客户带来愉悦的心情、体验，进而激发他们的购买欲望。而一些专业的陈列设计理念所带来的"陈列效应"，还会极大地促进产品的销售。

1. 让新客户轻松找到产品

无论店铺人气怎样，我们都要照顾好新客户这个群体。客户进入店铺最主要有如图 3-16 所示的两种途径。

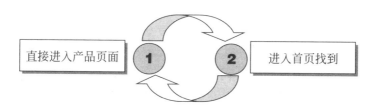

图 3-16　客户进入店铺的途径

但新客户进入到首页之后，怎么能让他们轻松地找到产品呢？一般可以通过图 3-17 所示的途径来实现。

途径一 ▶ 通过搜索框来搜索店内产品的关键词

对那些网购经验丰富的资深网络群体来说,搜索框并不重要,他们更喜欢自己去搜索,但关键词的链接则能够缩短跳转的流程

途径二 ▶ 清晰的图片化产品类目导航

把图形化的产品类目导航放置在首页的悬浮侧边或副导航的下面,都能够让新客户看到店铺里的相关的产品目录

途径三 ▶ 首页重点推荐三部曲:新款、主推、热款

通常,首页三部曲都涵盖了店铺的主打销售产品。因此,在每个区域的展示数量要合理安排,不能让新客户在大面积的产品中迷失,而忘记产品目录

图3-17 新客户找到产品的途径

2.让老客户第一时间找到新品

对老客户来说,应该让他们在第一时间就看到店铺上架的新品。通常情况下,老客户进入店铺有图3-18所示的两个需求。

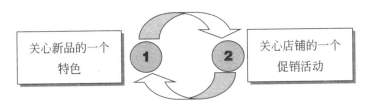

图3-18 老客户进入店铺的需求

因此,我们针对老客户的需求,可以开发下列陈列区域。

(1)新品区域。新品区域必须是动态的,在这里还应注意更新频率与更新数量。另外,产品缩略图的大小要合理。

以淘宝为例,可选择的尺寸大致为220×220像素,两排一共10款;标题栏高度也应控制在30像素之内,并且还要将这个区域明显分开。但为了增加新品数量的点击量,还可以设置一些提醒文字,"您还有××款新品未查看"等提示性文字,这对于增加新款的点击率也是很有帮助的。如图3-19所示。

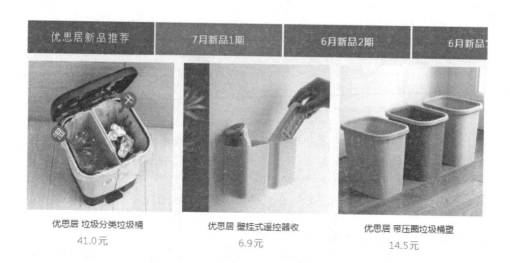

图3-19 商品陈列截图（一）

（2）促销活动。可以把活动横幅广告引导到新标签页面，或者直接首页全屏展示促销活动的内容，也可以在首页精选出几款促销产品作为引导。

对于横幅广告的设计，原则上是用色要少，且元素也要少。简单来说，就是突出活动主题。否则，把重点放到炫耀设计上，比如在横幅广告上添加很多特效元素，但却与主题没太大关系，反而会分散客户的注意力，并且影响实际效果。如图3-20所示。

图3-20 商品陈列截图（二）

一个好的横幅广告，让人有一种立刻进入的冲动，具体来说有图3-21所示的两个技巧。

> **重复性**
> 指的是在具体设计中体现的是统一，如配色要统一，不能总是变换颜色。比如我们一般看到"白色"的页面就想到58同城；而看到"淡绿色"的页面，就想到豆瓣

> **夸张性**
> 对于一些非常夸张的东西，我们总是感到非常好奇，使印象深刻而被其吸引。比如，很多网站内一些令人叫绝的设计图片都是用非常夸张的方式来表达的

图3-21 设计好横幅广告的技巧

3.主打产品需要在最合适的位置展示

这是一个常识性的原则，选择主打产品很好理解，但最难做的就是选择最合适的位置，这需要进行一番调整和反复的实验。

因为有一些店铺会根据很多客户养成的浏览习惯，在店铺首页开头的位置就展示主打产品，而另一些店铺却会在每个产品详情页的首部放置主打产品。

此外，在陈列主打产品时还应注意以下事项。

（1）主打产品要尽量放在新客户进来的渠道口，这并不只局限于首页，因为有一些做了硬广告的产品页面也可以直接进入通道。

（2）主打产品的文字、图片介绍要非常醒目。

（3）主打产品的收藏量、购买量等有助于销售的数据也要集中展示出来。

比如，在文字链接上添加"收藏加购××人"或"购买人数××人"等。这些文字和数字都能在潜移默化之间，影响着客户的最终决策。

4.展示模块的数量要合理，模块之间要有界限

店铺首页的新款展示区域是一个功能模块，并且还会有一些收藏量、购买量等辅助功能模块。但模块的数量需要合理控制，千万不要认为模块越多越好。因为客户往往会有一个相对固定的浏览时间，如果模块太多，客户就会失去耐心，从而去到别的店铺。

此外，每个模块都有一些特殊的功能，就好像在不同的货架上展示着不同的产品一样。因此，对这些功能模块要有界限划分，这便于让客户从这个模块浏览到下一个模块时概念清晰；否则，他们可能在看一大圈后连自己看了什么都忘记了。

那么，如何划分各个模块的界限呢？

通常是使用带有标题的横条，或者使用不同的颜色块来区别，还可以使用图形化的展示区域加以区别。而对于区别的方式，可以是文字、图形，也可以用结构等方式来区别。

第4章

搜索优化

阅读提示:

当用户带着明确的目的去搜索自己需要的产品时,却没有得到他想要的结果,会直接影响用户对于产品的体验。

关键词:

⇨ 优化标题

⇨ 提升权重

⇨ 店铺排名

一、优化关键词

对于任何网站而言,关键词是驱动流量增长最基本的元素,唯独不同的是电商网站需要的是更加精准的流量,因为这些关键词所肩负的责任与使命是达成销售目标,而与传统网站还是有一定区别的。

1. 什么是关键词

用户搜索的词就是关键词,不止淘宝,京东、拼多多、百度、头条、优酷、抖音都有搜索入口,存在大量的搜索需求,产生海量的关键词。

比如,一个男性客户明确地想买一件羽绒服,他有可能搜索的关键词会有:羽绒服男;如果他待在东北寒冷地区,可能会搜索"羽绒服厚款鸭绒男";如果他待在南方相对温暖的地方,可能会搜索"羽绒服薄款男"。

2. 关键词的类型

关键词可以分为图4-1所示的三类。

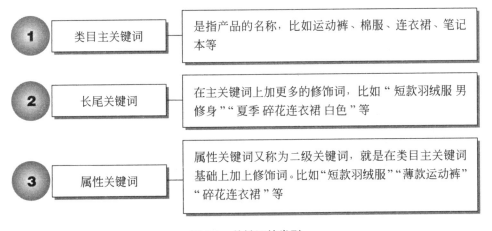

图4-1 关键词的类型

3. 关键词的获取途径

关键词的获取可以从以下几个方面入手。

(1) 和团队成员讨论。一个人的想法和智慧是远远不够的,运营人员可以把了解搜索引擎营销活动的人召集起来,让所有的参与者都来提出他们的想法,然后将每个人的关键词集中起来,去除错误的选择并按顺序排出最重要的关键词。

（2）利用搜索引擎自身提供的相关关键词。每个搜索引擎在列出关键词的搜索结果的同时，还提供了与这个关键词相关的其他组合词，这些被人们称之为长尾关键词的流量不容忽视。

（3）参考网站的搜索工具。如果你的站点有自己的站内搜索，可以研究这些搜索者输入的关键词列表来看丢掉了什么词，这些站内的搜索结果可以让你发现搜索者最关心什么内容。

（4）观察竞争对手。花点时间看看你的竞争对手使用了哪些关键词，当然也并不是说竞争对手使用的关键词一定就是最好的关键词，只是给你提供一些参考而已。

4. 关键词的优化方法

（1）关键词的相关性。关键词的相关性与店铺的精准流量有着密切的关系，我们也知道精准的流量才能够带来转化。如果说你一个卖小风扇的，通过使用与大风扇有关的关键词带来流量，那进入到你店铺的流量将是不精准的，更不必说转化率了。

不相关的关键词选择不仅不能给你带来流量，还会扰乱你店铺中的标签，有时候甚至会导致你受到电商平台的处罚，可以说是得不偿失。所以，运营人员在选择关键词的时候，一定要选择与自己产品相关性高的词汇。

（2）关键词的相符性。选择关键词要遵循产品与店铺标签相符合的原则，应通过店铺中产品标题中关键词的选择，去再度强化店铺的标签。

产品关键词的选择最好能与店铺相匹配，并且要根据产品的一些特征、基础的一些信息来作为参考，还需要参考生意参谋上的人群特征看是否匹配，如果满足这些条件的关键词，就可以选用。

（3）平台占比。平台占比的数据对于我们选择关键词有着非常大的作用。

以淘宝平台手机为例。"华为荣耀9"这个关键词商城占比达到90%以上，这个意思是这个词它的使用流量已经达到了90%以上，还差一点点就要达到百分之百了。竞争如此残酷，天猫店可能都没有太多的竞争优势，更别说普通的淘宝店铺了。而"华为荣耀9青春版"，这个词汇的数据大概是在65%左右，证明还有一定的发展空间，属于可以使用的范围。

（4）关键词的点击率。所选择的关键词点击一定是要非常高的，因此，我们在寻找关键词的时候，就一定要考虑图4-2所示的三个因素。这三个指数越高的词汇，证明人们对这个产品的需要越大。

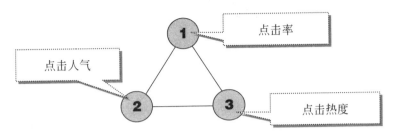

图4-2 寻找关键词应考虑的因素

新品想要做起来,仅仅依靠平台给我们的扶持是不够的。因此,我们要抓住每一个机会,让我们的产品尽可能多地展现在客户的面前,只有本身积累了一定的流量之后,平台才会给你更多的扶持。虽然说主图是决定点击的重要因素,但是关键词也有它特定的效果,所以我们在选择的时候,也要尽量选择点击率高的关键词。

相关链接　　如何避免进入关键词选择的误区

1. 关键词意义太宽泛

选择意义太宽泛的词作为关键词。如果你是生产女装的厂家,也许你想以"女装""服装"之类作为你的关键词,请不妨拿"服装"到谷歌试下吧,你会发现搜索结果居然超过几千万条,要想在这么多竞争者当中脱颖而出谈何容易。相反,在"短袖""长袖""背心""吊带"等这类具体的词下的搜索结果则少得多,这样你就会有更多的机会排在竞争者的前面。因此根据你的业务或产品的种类,尽可能选取具体的词,使用意义更为精确的关键词,可限定有可能转化成你真正客户的来访者。

解决方案:注意不要使用单字作为关键词,两到三个字长度的短语(我们称其为"关键短语")为最佳。选取恰当关键短语的平衡点在于要确保所选关键词兼具良好竞争力和合理的搜索结果数量,既要保证该关键词有相当数量的搜索频率,又要保证它不会产生上百万搜索结果页。

2. 关键词和自己产品不相干

用与自己的产品或服务毫不相干的关键词。有些人为了吸引更多人访问,在自己的关键词中加入不相干的热门关键词,那样做有时的确能提升网站的访问量,但试想一个查找"MP3"的人,恐怕很难对你生产的布艺沙发感兴趣。既然你的目的是销售产品,那么靠这种作弊手段增加访问量的做法不仅讨人嫌，而且毫无意义。

解决方案：名副其实就好。

3. 不对关键词进行测试

使用未经测试的关键词。好多人在选出自认为"最佳"的关键词之后，不经测试便匆匆提交上去。是否真的"最佳"，最好还是去测试一下。

解决方案：你可以借助网上提供的免费工具来进行关键词分析，像WordTracker、Overture、Keyword Cenerator等，这些软件的一般功能都是查看你的关键词在其他网页中的使用频率，以及在过去24小时内各大搜索引擎上有多少人在搜索时使用过这些关键词。如WordTracker有效关键词指数（Keyword Efectiveness Index：KEI）会告诉你所使用的关键词在它的数据库中出现的次数和同类竞争性网页的数量，KEI值越高说明该词越流行，并且竞争对手越少，一般KEI值达到100分就算不错，如果能超过400分，说明你的关键词已经是最佳的了。

4. 关键词数量太多

主页中涵盖太多的关键词。有些网站的设计者恨不能在主页中把所有的关键词都优化进去，因此在网站的主页标题中堆砌了大量关键词，以求改善排名。殊不知这只会使事情变得更糟。对主页的优化应限定于最多两个重要关键词。

要确保你的主页标题的长度最多不超过7个词（30～40个字母，即15～20个汉字之间）。这是因为，如果一个网站其主页的标题标签中包含10个以上的关键词，则没有一个关键词能够满足较高排名所要求的关键词密度。这样一来这些关键词中没有一个能够在搜索结果中获得比较高的排名。尤其对那些比较热门的关键词来说，要想在激烈的竞争中获得比较好的排名，对关键词密度有更高的要求。

对于其他的关键词你完全可以在别的页面中分别做相应的优化，没必要都挤到主页中去优化，因为每个页面对搜索引擎来说都是个潜在的"桥页"。因此，对于大型网站，最好每个网页都拥有不同的网页标题，而且每个标题都含有关键词，让网站的内容更多地进入搜索引擎的索引范围。

解决办法：对主页的优化应限定于最多三个重要关键词。如果你的关键词太热门，为了提高竞争力，你最多只能围绕1～2个关键词进行优化。在主页、标题、META标签中应围绕最多三个最重要的关键词进行优化。像ABAKUS公司的网站主页（索引页），就是围绕"Internet Marketing""Web promotion"和"search engine optimization"这三个关键词/短语进行的优化，收到了很好的效果。

5. 关键词又臭又长

盲目重复页面关键词。关键词密度（即关键字与一个页面中除掉html代码的内容的百分比）的大小对网站的排名有直接的影响，但绝对不是出现次数越多越好。有人为了增加某个词汇在网页上的出现频率，而故意重复它，如在标题栏出现"海尔海尔海尔"之类的东西。不过，现在很多搜索引擎都能识破它，它们通过统计网页单词总数，判断某个单词出现的比例是否正常。一旦超过"内定标准"，不仅会被视为无效，从而降低网站分值，还能永远将你的网站拒之门外。

解决方案：在使用关键词时，要尽量做到自然流畅，符合基本的文法规则，不要刻意过分重复某个关键词，避免列举式地出现，尤其不要在同一行连续使用某个关键词2次以上。而且长度不宜超过30个字符（15个汉字）。

6. 错误关键字优化

加入错别关键词（多用于英文）。如果某个与你的网店内容有关的词经常被错拼，考虑到一般人不会以错别字作为自己的目标关键词，你也许打算用它来优化网页，那么一旦遇到用户用这个错别字进行搜索，就会为你带来额外的访问量。事实上，尽管根据关键词监测统计报告表明，有些错别字出现的频度并不低，但分析一下这些错别字，一般都是由于客户一时的粗心造成的。这样一来使用错拼关键词很多时候不但不能为你带来额外的收益，而且还影响网站的权威性，甚至让偶尔失误的客户对企业的资质、实力产生怀疑。更何况目前一些搜索引擎（如Google）都增加了自动拼写检查功能，所以，加入错别字关键词优化网页还是不值得提倡的。

解决方案：搜索引擎虽然不认识你，但你也别做白字先生。

7. 页面关键词优化

忽视关键词的位置。关键词在合适的位置出现一次比在不合适的位置出现100次都有效。

解决方案：你需要在标题、段落内容、文字内容的页头和页尾、标签甚至不显示的标签里安排关键词，标题、页头和页尾是重点，其中标题栏又是最重要的，一定要让关键词出现1~2次。在网页正文中应保证至少对关键词重复3次以上。有分析显示，页面正文7%~9%的关键词密度为最佳，关键词在主页里出现的频率以8~10次为宜。

总体来说，一个关键词可以设计几十乃至上百个标题。一句话能够说明白的产品和商机，就不要写得太长，因为客户会点击仔细看详细描述。太烦琐或太简单的标题会造成在搜索中的效果不好。标题中应使用一句包含适当关键词的完整的话来表达，避免使用冗长而单纯堆砌的关键词的做法，同时，切勿使用与内容主题不相符合的虚假关键词。信息标题的语言和描述应有所不同，不同的信息标题必须配不同的关键词，关键词的组合和放置可以多样化，但整个信息的标题的含义表达必须是完整而明确的，也可以变化轻松活泼的语言以吸引浏览者。也就是说，在设计标题的时候，不应只考虑到关键词的优化，还需把标题设计得引人入胜、一目了然，达到一见标题就有感觉的宣传效果。

用一句话概括来说：突出我的关键词。

二、优化标题

产品的标题是给客户的第一印象，标题不吸引人，那么客户可能不会去点击产品，不会咨询，更不会购买。

1. 标题的组成

标题应由图4-3所示的四部分构成。

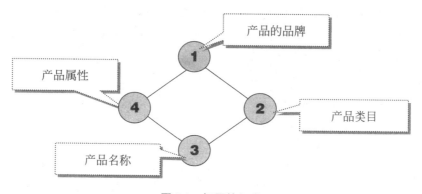

图4-3　标题的组成

2. 标题优化的好处

标题优化有图4-4所示的四个好处。

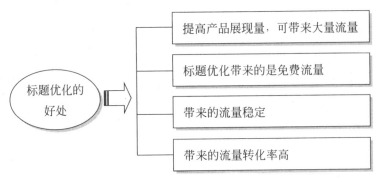

图4-4　标题优化的好处

3.标题优化的时机

我们应该在什么时候优化标题呢？以下三种情况下，优化标题是最好的。

（1）当新产品上架时候。最好的标题优化是在新产品上架的时候，我们经常不注意这个时候，因为担心上架，所以就想着先上去。其实等产品真的出问题，没有流量，没有订单的时候，就晚了，因此新品上架的时候就要做好标题优化。

新品的标题优化必须注意如图4-5所示的细节。

图4-5　新品标题优化需注意的细节

即使你选择了这个词，即使你设定的标题也一般，但是一个新的标题，搜索引擎可以识别更多的新产品，并给你更多的机会来展示。获得新标签对于新产品非常重要。点击率是一个非常重要的指标。

（2）产品没有权重的时候。怎么判断？从生意参谋，你看到你的产品很少有免费的自然搜索流量进来，甚至没有，这个时候你就要对标题进行优化。如果产品上架时间较长，建议删除产品链接，重新编辑上架。

（3）当流量稳定并且搜索需求出现变化的时候。当你的流量很稳定，并且你在利用一些工具（如淘宝排行榜、生意参谋等）发现了一些新的搜索需求（也就是新词），这时候也是可以进行标题优化的。但是这时候优化你一定要注意以下几个问题：能稳定带来流量的词不要动，每次修改的字数在3个字以内，不要频繁地改动。

4.标题优化的核心

标题优化的三大核心如图4-6所示。

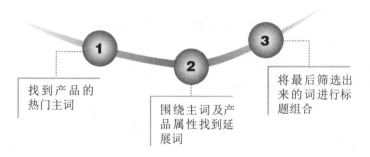

图4-6 标题优化的核心

（1）找到产品的热门主词。其实标题优化不必将关键词、长尾词分得太死，只要你清楚你打算推什么产品，它属于什么类的，就可以用生意参谋中的行业热词榜或搜索词查询找到该产品的热门主词。

比如你卖的是女装大衣，主词无非就是"大衣　女""大衣女　短款"等，这样标题优化第一步就做好了。

（2）围绕主词及产品属性找到延展词。找好产品的热门主词之后，就要围绕这个词根据产品的卖点、属性去找到相关的延展词了。

比如"大衣　女"这个主词得到的延展词有"短款大衣　女""大衣女　韩范"等，收集好这些词之后，就要根据与产品的卖点属性的匹配度及竞争度去筛选出精确的词。

（3）将最后筛选出来的词进行标题组合。优化标题的最后一步，肯定就是将上面一步筛选出来的词进行标题的组合了。一般标题组合都将热门主词+核心延展词放在前头，再遵循修饰词+名词的规律，能够更好地让淘宝搜索引擎抓取到。

5.标题优化应避免的错误

我们做标题优化的过程中要避免出现图4-7所示的错误。

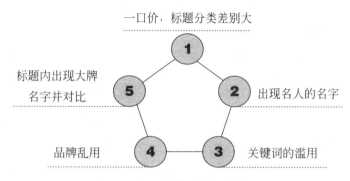

图4-7 标题优化应避免的错误

> **相关链接**　　　　做标题时的六大误区

产品标题的重要性不言而喻，它直接影响着店铺的流量。流量=展现×点击，而展现即我们在电商平台搜索栏搜索某个关键词的时候，比如"极简主义连衣裙"，而电商平台搜索引擎检测到你的标题中包含了这些关键词"极简主义""连衣裙"，那么你的产品就会被展示给客户。至于展示位置前后，就由你这个关键词"极简主义连衣裙"的权重决定。这整个过程就叫作展现/曝光，所以，我们一定要理解标题是给谁看的。

首先，给搜索引擎看，所以好的标题一定要有利于搜索，商家需要通过有一个好的标题获得更多的展现机会。那么就要求你的标题关键词必须广泛，有人气。

其次，标题还是给客户看的，客户在看标题的时候，实际上只有一个要求：我能通过读标题，知道你产品的重要属性，知道你的产品特点、优势等内容。

下面介绍几个大部分运营人员做标题时的常见误区。

误区一：直接复制爆款标题，产品排名就会好

很多运营人员喜欢偷懒，不想去做标题，就想着直接复制别人爆款的标题，那么这样你真的能够做起来吗？你要知道同行爆款的这个产品标题权重是很高，直接复制同行爆款标题，你的产品竞争力太弱，甚至可以说没有竞争力，你又怎么去跟他们抢流量呢？而一个词的曝光量是有限的，搜索这个词的客户就这么个量，你一个没有任何搜索权重的产品，平台怎么给你曝光？

误区二：没有任何数据作为参考，直接按照自己想法写标题

这个也是偷懒的结果，不经过数据分析就写标题，结果有以下三种。

（1）关键词没有人气，那么就很可能根本就很少人会搜索这个词，那你怎么会有展现？

（2）关键词人气足够，但是抢这个词的产品很多，竞争力大，所以会直接导致做搜索排名的时候竞争不过人家，也同样没有展现。

（3）关键词不够精准，直接导致你的转化率低。

以上三点是很多运营人员经常犯的错误。因为不会数据分析，或者不知道如何获取相应的数据，然后就东拼西凑地组合一个标题。一个标题的写成，尤其是大类目（属性词多的类目），分析行业数据是必不可少的，这个是做好电商的第一步。

误区三：标题使用特殊字符

这里要说明一点：电商平台只认可"/"和"空格"，如果你用了其他的字符，如""，>，？，等标点符号，这些是会直接影响你的流量来源，而且会浪费标题的字数限制。

误区四：标题中随意加入品牌词引流

第一种是擅自使用别人大品牌的品牌词引流。这种品牌词的确可能给我们带来一定的流量，但是后果确实也是很可怕的。所以，如果你是高仿或者没有进货凭证，或者和这个品牌根本没有关系，仅仅是想蹭流量，那么为了防止被系统排查出来或者说被职业的打假人盯上，最好不要写品牌词。因为标题里写品牌词被排查下架、判定售假的案例太多了。

第二种是用自己小品牌的品牌词。要知道你的小品牌是没有知名度的，也就相当于没有人搜索，你把这种词放在标题里有什么作用呢？白白浪费自己标题的字数。

误区五：标题中写极限词或一些特殊商品的广告语违禁字词

这个涉及广告法的违规，是坚决不能写的。因为这个是电商平台明令禁止的，被发现或者举报，会被平台删除产品，还要罚款。不单单只是你的标题，详情页里面也不要出现。

误区六：重复添加堆砌关键词，选用跟产品关系不大或者无关的大词热词

在标题里重复出现关键词是不是会提高这个关键词的权重？所以就出现了很多标题关键词叠加的情况。其实这个对于权重的提升没什么帮助。而且标题总共可以写30个字、60个字符，堆砌关键词会导致你标题中其他关键词数量减少，产品展现机会减少，流量入口又少了一截。另外还有一些运营人员为了流量，会使用一些和自己产品无关或者相关性不大的热词去引流量，这种关键词的确可能会给你带来一点流量，但是你的关键词不精准，那么引流进来的流量也是不精准的，直接结果有以下三种。

（1）这种流量不会下单购买，那么会直接拉低你的转化率。

（2）这种流量看了你的产品，觉得不满意直接退出店铺，那么就会拉高你店铺的跳失率，直接影响店铺权重。

（3）不精准的流量会影响你的产品标签，群标签是影响流量获取的因素之一。

三、优化产品

当我们选好产品上架之后,店铺流量持续下滑的时候,特别是搜索流量下滑严重时,就要对产品进行优化。一般可从以下几个方面来入手。

1. 标题优化

搜索流量变动很多时候都是关键词搜索排名发生了变化,所以就需要根据关键词搜索热度的变化调整关键词的选取。当然你关心的是,如何调整标题才能不影响搜索权重,同时还能拿到更好的流量。

要明确好标题的核心关键词,主流量词不要去动,需要你调整的是其他属性关键词的选取。

比如,天气热了,连衣裙、T恤都是热卖产品。如果你是做连衣裙的商家,那么雪纺连衣裙就是核心关键词。产品词是连衣裙,核心属性词是雪纺,突出的是面料材质。其他关键词都是描述属性关键词,具体去展示这是一件什么样的雪纺连衣裙。

所以优化标题时,这样核心圈中的关键词是不能替换掉的。再者要去分析店铺的进店关键词都是哪些搜索关键词,主要的进店关键词,在关键词属性匹配上都很相近,不要去调整。

需要你去调整的是,在你日常分析店铺、记录店铺关键词时,要注意哪些关键词最近流量在减少,搜索热度在降低,哪些关键词搜索热度在增高,需要你做的就是针对这样的变化,及时替换关键词。

2. 主图优化

当店铺没有流量时,很多运营人员就会想到是不是图片没有吸引力,所以产品没人气。一方面,在产品的搜索排名还靠前的情况下,可以去调整主图。

比如搜索排名靠前,但是没人点击,这就和你的主图有点关系了。

另一方面,价格、销量的影响同样存在,但电商终究是先卖图片,再卖产品。

3. 价格调整

不知何时起,你开始觉得产品的价格有问题,需要调价。调价分两种情况,一种情况你觉得比同行卖得贵,想着便宜点;另一种情况你觉得现在太便宜,想着卖贵点。

你要清楚现在电商平台都是人群流量,客户对产品价格是有价格接受度和敏感度的，不是什么价格，客户都能接受。产品都有人群标签，转化不好的都是低消费能力的客户群体。一味地卖低价，来的都是这些访客，一旦你调整价格，店铺的人群结构就要发生变化，流量跟着就会波动。

四、提升综合权重

权重是指某一因素或指标相对于某一事物的重要程度，其不同于一般的比重，权重体现的不仅仅是某一因素或指标所占的百分比，而且强调的是因素或指标的相对重要程度，倾向于贡献度或重要性。

比如，你的店铺在淘宝网，给淘宝平台创造了多少价值，能不能留住共同的用户，你的产品给用户有没有带来好的体验感受。如果，你的产品性价比高，用户的满意度高，淘宝平台就认定你的产品好，相对就会得到更多的展现机会，你的产品就会形成一种良性循环，产品权重高，流量自然就快速上涨。

一个店铺的综合权重＝产品权重＋店铺权重，而权重则影响店铺是否能被搜索到，是否有曝光率和转化率。

1.产品权重

产品权重主要核心点有以下三点。

（1）关键词的相关性。如果这个词和产品相关性高，可以提升产品的访客和转化率，对产品起到加权的作用；如果相关性低，那么就会导致两个结果：一个是抢这个词的精力要花很多，另外一个是抢这个词的转化不高，就会对产品起到拉低权重的影响。

比如，对于淘宝来说，搜索很大一部分都是来源自标题的关键词的搜索，标题是由关键词组成的，而且可以写30个字，标题里的词尽量不要重复，修改标题时要注意修改标题中的词的数据和时间。

（2）类目属性相关。很多运营人员会发现有时候他们的产品标题里没有的词，搜索的时候也可以搜到自己的产品。那是因为产品上架时属性中含有这个关键词，从而搜索出了自己的商品。搜索系统也会拉取属性词和类目词，所以要在上架时选好自己的属性和类目。

（3）上下架时间。现在无线端随时随地都可以进行购物或者浏览，虽然客户端方式改变了，但是人的生活习性是没有改变的，那么新品可以选择在竞争较小的时间段进行投放或者推广；竞争力大的产品权重会高，就可以选择在人气最高的时候进行推广或者操作了。基于数据的分析，一般在这3个时段的流量是高峰点：9～11点、15～17点、20～23点。

> **一点通**
>
> 自然搜索标题优化、关键词的排版布局，以及热搜词引流词的应用，这些均会影响产品的标题权重，毕竟需要客户能搜索到我们的产品，才能有展示以及引流。

2.店铺权重

影响店铺权重的因素有以下四点。如图4-8所示。

因素一 店铺商品的动销率

清理掉一个月没有销量/流量的产品，如果一个月没有销量就会被搜索引擎打入滞销品的标签，可以进行删除或者重新上架的操作；动销率会影响店铺权重的搜索提升，店铺权重越高，系统分的流量会越多

因素二 店铺DSR（卖家服务评级）评分

系统主要是从产品描述相符度、商家服务态度、物流三方面来对店铺进行评分的，DSR评分越高，访客对产品和店铺的信赖度越高，店铺权重提升的同时也会带来极高的转化率

因素三 店铺的上新周期

店铺商品的上新周期可以直接影响整个店铺的引流和客户的黏性，同时在上新品的时候，系统会给新品更多的展现机会。所以上新品的时候是最好打造品牌定位吸引客户的机会

因素四 店铺产品的类目占比

类目占比，也就是产品结构较严密和紧凑程度，所以子类目产品关联性或主推款的带动能力关联要强，只要有一个款推起来，就可以带动店铺其他的商品转化

图4-8 影响店铺权重的因素

相关链接　　影响淘宝店铺权重排名的环节

以下的每一个环节，都是能获取淘宝权重排名的要点，掌握好了这些，获取权重你就会胸有成竹。

1. 店铺设置

关于店铺设置的内容，主要有以下几点。

（1）店铺基本情况。包括店铺的名称、简介等。或许这一点许多商家都会忽略，但其实这些内容也会对权重产生影响。尤其是店铺简介，千万不要认为随便写写就可以，一定要"走心"。因为有一些客户对你店铺的类目属性和基本情况非常关注。店铺名称、简介里都要加上类目关键词，这对展现权重会有影响。

（2）店铺等级提升。主要是为了升级成企业店铺，只要你店铺满足了基本条件，就可以申请开通，这时的店铺权重会成倍增长。

（3）金牌卖家。申请金牌卖家也是有一定条件限制的，按照条件要求尽量去满足开通。金牌卖家申请一旦成功，流量在原来的基础上又会呈爆发式增长。

2. 宝贝设置

（1）橱窗推荐。虽然现在橱窗推荐的加权作用没有以前明显，但还是有一定帮助，尽量别放弃这部分的权重。

（2）公益宝贝。公益宝贝设置成功后，系统会为你打上公益宝贝的标签，这对加权的作用相当大。

（3）问大家。问大家应该各位商家都有设置，这也是可以加权的。

3. 售后设置

7天无理由、运费险、商品质量保证险、花呗等服务项目，能开通的一定要开通，因为这些都是会有加权的。

这些设置大家都可以在卖家中心的服务商品管理中找到。

另外，如果你的宝贝类目是化妆品或者护肤品，开通"过敏包退"的服务也是能够增加你的权重和转化的。总之，根据你的类目特性，在你可承受范围内，尽可能开通相关服务，对你宝贝的帮助都会很大。

4. 相关营销工具

除了设置店铺和宝贝中的一些环节会影响加权之外，还有一些营销手段也会影响加权，归结起来，主要有以下几个需要大家特别关注。

（1）淘金币。淘金币抵扣的比例设置得越高，获取的加权也会越高，这个工具非常受买家青睐。这也是每个淘宝卖家必须使用的营销工具。

（2）购物车。在15天之内，你的宝贝有加购超过100个，就可以加入购物车营销。这个设置的作用是会在你的宝贝有活动的时候，对加购过的买家进行提示。

（3）淘宝直播。淘宝直播的门槛相对以前降低了很多，不用再要求微淘粉丝数。所以满足条件的卖家可以尽量去参加，因为淘宝直播的转化率相当高。

（4）其他。除此之外，全店动销率、DSR等指标也会影响权重，提高动销率的方法比较多，以后会为大家具体介绍，而提高DSR，要从客服服务和物流着手。另外，优惠券等打折工具也对权重、转化有影响，特别是在大促的时候，这类打折工具都是重头戏。

五、提升店铺排名

同类型店铺的竞争力随着越来越多的新商家而逐渐激烈起来，商家们为了吸引客户、提升排名，可以说是手段百出。

1.影响店铺排名的因素

对于店铺而言，店铺排行名次下滑是一件很头疼的事，因为排名下滑代表着自家初期做的工作统统白费了，店铺的转化率与流量也会受到影响。一般来说，影响店铺排名的因素有图4-9所示的五个因素。

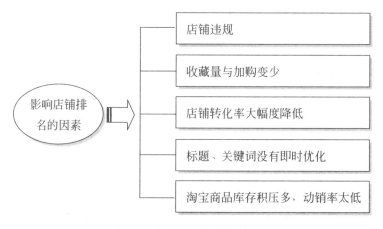

图4-9　影响店铺排名的因素

（1）店铺违规。假若商家出现违反规定的情况，那么排名下滑毫无疑问是在所难免的。

（2）收藏量与加购变少。一个排名靠前的商家，它的收藏量与加购量都是比较多的，这些会让平台觉得这些商品十分火爆，能产生更多的转化。假如近期店铺的收藏量与加购量少于以前，那么平台就会给你较低的展示，排名自然也会受到影响。

（3）店铺转化率大幅度降低。转化率不仅仅是商家所需要的，电商平台一样需要。现如今的网店竞争日渐激烈，若你的店铺能产生越多的转化，平台自然而然就会给你更多的展示。如果商家的转化率大幅度降低，平台也不可能让你有更多的展示。

（4）标题、关键词没有即时优化。商品的关键词与标题不仅仅是一两次优化就能成功的，电商平台是时时刻刻在变化的，此刻这个关键词能带来很好的作用，但是下一瞬间可能就不起作用了。

> **一点通**
>
> 关键词是体现淘宝商品的关键要素，不及时优化，排名就会被竞争对手挤下去。

（5）淘宝商品库存积压多，动销率太低。店铺中一般都会有许多的商品，这样才能够满足客户的需求，可是能为店铺产生流量与转化的商品却少之又少，这样就造成商品库存积压过多，动销率也越来越低了。

2.提升排名的方法

如何让自己的店铺在搜索排名中脱颖而出，获得更多的自然流量，让店铺形成良性循环呢？其方法如图4-10所示。

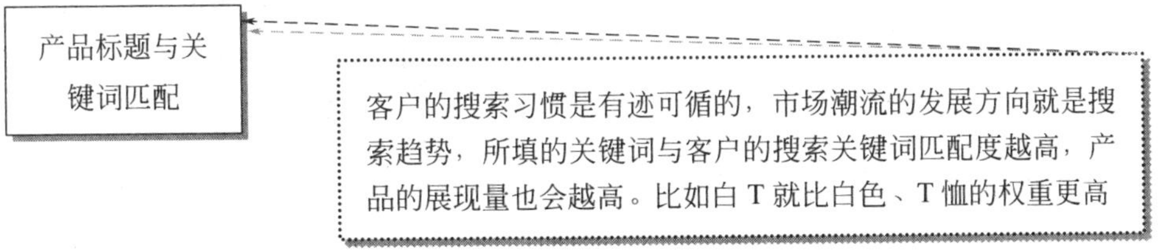

产品标题与关键词匹配 —— 客户的搜索习惯是有迹可循的，市场潮流的发展方向就是搜索趋势，所填的关键词与客户的搜索关键词匹配度越高，产品的展现量也会越高。比如白T就比白色、T恤的权重更高

图4-10

橱窗的使用

在相同的条件下,店铺是否使用橱窗两者的搜索排名也是不一样的,有使用橱窗的店铺搜索排名会比没使用橱窗的店铺排名相对高一点

产品的销量

在搜索排名页面里是依据"产品销量"设置排名的,销量越高的产品排名就越靠前,反之排名则越低。排名越靠前的产品展现量越高,获得的流量就越大。形成良性循环,店铺的权重也会越高

产品上下架

店铺内有产品上下架期间,店铺获得的流量也会比较高,所以要规划好产品上下架时间,均匀分布,在产品搜索量最高的时候不要让产品下架,确保店铺内的产品在 24 小时内都有上下架安排,让店铺能最大限度地获得流量分配

DSR 评分

店铺的 DSR 评分也是影响店铺排名至关重要的因素之一,DSR 评分高的店铺排名也会比 DSR 评分低的店铺排名高,所以掌柜要时刻关注店铺的 DSR 评分,在出现状况时及时解决,不要让 DSR 评分拖了店铺的后腿

加购和收藏率

在店铺其他条件相同时加购和收藏率也会成为影响店铺排名的重要因素,增加店铺和店铺产品的收藏率虽然不起眼,但在某些时候也会成为决定店铺排名的重要因素

增加店铺的良性循环

店铺的每个环节都会互相影响,如果有哪个环节出现问题也会随之影响店铺的其他要素,所以运营人员要时刻关注店铺的每项发展指标,在出现问题时及时解决

图 4-10　提升排名的方法

> **相关链接** 　　没有信誉的店铺如何提高产品排名

1. 不要急于提高店铺信誉

很多运营人员认为,只要有信誉就会有人来买。其实不然,有些信誉高的店铺也照样没生意。这是因为,店铺流量跟产品排名相关,没有排名,客户无法看到我们的产品,就没有流量,更没有订单。

一个产品要想得到电商平台搜索引擎的青睐,就要做好基本功。有些运营人员为了得到更多流量,随意把多种产品类目堆积在一起,让平台无法识别店铺定位和方向,最终被搜索引擎遗弃。所以我们要做到,首先店铺定位要跟主打产品类目一致,最好不要堆放那些说不清类目的产品。比如一家机械手表店铺,店里的主打产品就应该是手表最相关的产品,而不是其他产品。

2. 做好产品描述详情

店铺免费流量,大部分来自产品关键词,设置好关键词,是引流的必经途径。运营人员可以结合以下技巧来优化关键词。

(1) 关键词与产品要相关。

(2) 利用长尾关键词。

(3) 结合热门关键词。

如果有客户通过某个关键词搜索到我们的产品并且成交后,产品排名就会靠前。

除了关键词,接下来就是做好产品描述了。

一个好的产品详情页,不是要设计得天花乱坠,而是要简明扼要,让人轻松看完,让客户找到自己想看的内容,解除其后顾之忧。

产品描述详情一般包括几个重要的元素:产品关键词、促销海报、产品功能结构介绍、尺码规格、实物细节图、物流和售后服务承诺等。

但在产品信息展示设计里面,一定要注意两点:①文字精简清晰;②图文重点突出。

详情描述最后可以带上关联销售产品链接,注意尽量不要放在前面。

3. 橱窗推荐位

大部分运营人员都知道橱窗推荐,要想提高产品搜索排名,橱窗推荐一定要重视。

如果推荐位不够用,就把自己的主打产品放在橱窗推荐位里面,不要让不重要的产品推荐浪费掉橱窗资源。要了解,如何利用橱窗效果更好,如何让橱窗增多，又可以避免橱窗减少。

4. 千万不要违规

电商平台一般要把真心做生意的商家的产品，第一时间展示给客户，为客户提供有真实评价和体验的好产品，只要有违规行为出现，平台会及时察觉，从而进行屏蔽。

（1）店铺违规，产品违规发布，都会影响店铺搜索排名。搜索违规主要包括：炒作信用、故意放错类目、虚假交易、重复铺货和开店、广告商品、堆砌无关的热搜标题关键词、虚假邮费以及无货空挂等。

（2）提升店铺服务指数。退款次数、平台客服介入、超时退款比例、发货速度、店铺客服响应速度都会影响店铺服务指数，直接影响店铺搜索排名甚至降权。

5. 产品主图有学问——拒绝牛皮癣

产品主图决定了客户点击与停留时间长短。如果产品排名靠前，但是产品图片不完美，就会有绝大部分的访客不愿意点击图片。这对于运营人员来说，产品好不容易得到了展示，而又损失了这个流量，无疑是个巨大的浪费。

所以我们要吸引住客户，首先要对主图进行修饰，一定要尽可能地保持图片简约清晰、突出产品特色，如果添加一些乱七八糟的文字，文字在产品图上占了一大半，跟牛皮癣似的，让人看了头疼。所以一定要明白客户要看的是产品，不是看那么多广告文字。当然，可以适当在主图上加官方品牌水印，或者包邮和秒杀字眼，吸引访客点击。

第5章

爆款打造

阅读提示：

爆款不仅能够提高店铺的自然流量，而且还能在新品初期抢占流量，提高销量，提升品牌形象。

关键词：

⇨ 科学选品

⇨ 合理定价

⇨ 把握周期

一、爆款应具备的条件

爆款是指在商品销售中，供不应求、销售量很高的商品。即通常所说的卖得很多、人气很高的商品。一般来说，满足图5-1所示条件的产品才能称之为爆款。

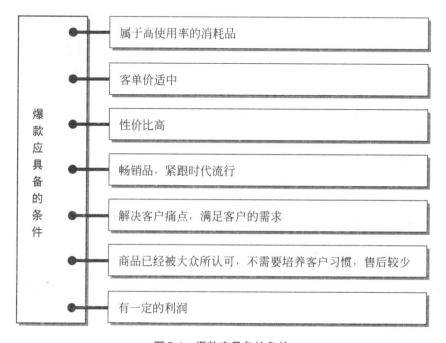

图5-1　爆款应具备的条件

1.属于高使用率的消耗品

一款能成为爆款的产品，必然是一个高使用率的消耗品，对于客户来说是刚需商品，客户群体几乎涵盖了大部分人群。

（1）短频快的商品更容易引起复购。比如零食，大概只有两周甚至一周的消耗时间，复购频次高，很容易打造成为爆款。

任何一个产品都有高频使用的人群，也有低频使用的人群。

比如家具，对于一般家庭而言，一辈子可能很少经常装修，购买家具的频率非常低，甚至十年为周期，但是对于装修公司或者经营性场所，购买频率就会提升。

（2）受众面广。这就要去掉高端奢侈品，或者冷门小众人群热爱的商品，比如手办之类的。就拿衣服来说，百搭款总是比那些个性化服装会销路更广。打开淘宝搜索"零食"，这些TOP前5的商品月销量动辄过万元，评论更是以几十万、几百万条累计，可想而知受众面和客户基数之大。如图5-2所示。

图5-2　淘宝搜索页面截图

2.客单价适中

相对而言，低客单价可以引起客户快速下单、冲动消费，但是一旦超过四五百元，甚至过千元，客户在购买时一般就会理性思考，是否必要，是否物有所值，是否和别的品牌、别的商家再对比下。在客户购物时，对这个商品一般都会有一个价格区间值，随着自己对这个商品的喜欢和必需程度，价格可接受范围可以上调。但是最贵和最便宜的肯定不是客户的首选。

比如，手机膜需求量大，复购频次高，但是客单价极低，就算卖10万单，总销售额也不过才一百多万元。

3.性价比高

就算为了打造爆款，价格制定不能偏高，要追求价格优惠，以期望能覆盖更多人群，但是也要在保证质量的前提下，性价比高是客户追求的极致。如果是价低品质差，客户也不会买账。目前便宜已经不是网购最主要的需求了，一味的低价并不是客户的最大关注点。对客户来说，只有价格合适、质量最优，才是最好的选择。

4.畅销品，紧跟时代流行

如服饰、护肤、化妆等时尚类行业，对近几年流行趋势肯定是要有所了解的。除了这些行业，我们要紧跟时代流行，不是说最近热销什么我们就去卖什么，而是从流行中分析客户需求。

比如，现在的零食几乎都是独立小包装，适合办公室上班人群。因为在办公室大包装打开吃不完不利于保存。如果你店铺的客户群为城市上班族，爆款肯定不能是居家量贩装的大规格。虽然是要紧跟流行，但是也要选择存在时间尽可能长的商品，在时间维度上可以在这个商品上精耕细作，而不是流行两三个月后戛然而止。

5.解决客户痛点，满足客户的需求

要想好客户的使用及购物场景，将这个场景完美地呈现给客户，让客户产生认同感。

比如江小白，充分分析客户需求，将目标人群定位在年轻人。对此，江小白做了以下调整：首先，净含量减少，全部主打小瓶酒。其次，白酒度数降低。最后，在瓶装外包装上有个性化的文案。而这三点同时直击客户内心，所以受到广大年轻酒友的追捧。

6.商品已经被大众所认可，不需要培养客户习惯，售后较少

如果选择改变客户的生活习惯或者购物习惯，这样的商品不适合作为爆款，起码不适合普通商家的爆款。售后问题较少的话，积累一定量的销量后不用担心批量的差评影响店铺评分，不用专门安排售后客服去处理日益增加的中差评，在日常运营过程中会省事很多。

7.有一定的利润

这个利润范围是你所能接受的范围，这个利润能维持店铺的运转，否则赔钱的生意总归是无法长久的。在打造爆款前期为了积累销量和人气，可以进行阶段性的促销等活动，但是从长远看，必须是盈利的才能让你的爆款长久地买下去，不仅是畅销品，还是常销品。

二、科学选择爆款

选品一定要用数据说话，科学选品，切勿想当然地去优化。

1.产品角度

从产品角度来看，可选择以下几种类型的产品作为爆款，具体如图5-3所示。

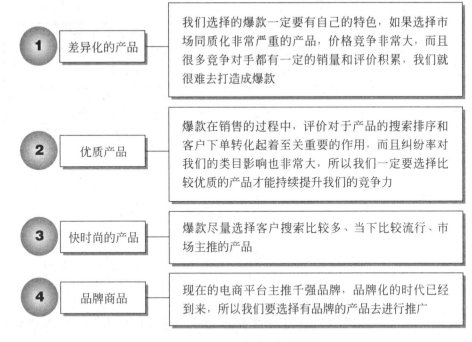

图5-3 从产品角度来选择爆款产品

2.货源角度

从货源角度来看,爆款应具备图5-4所示的特点。

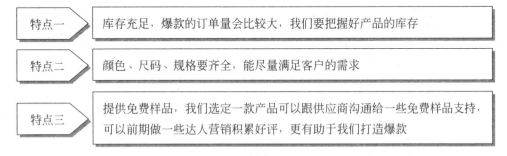

图5-4 从货源角度看爆款的特点

3.市场角度

从市场角度来看,可按图5-5所示的方向来选择爆款产品。

方向一	平台热销产品，可以选取平台热销的类似产品，但是切记不要打价格战，尽量做一些差异化产品
方向二	搜索关键词，我们可以通过后台的关键词分析筛选出客户热搜的词汇进行参考
方向三	各大平台热卖的产品，如亚马逊、ebay、淘宝等平台热卖的产品

图5-5　从市场角度分析选择爆款产品

相关链接　　　店铺爆款选品的两个阶段

运营人员在选择爆款商品的时候，可以分为两个阶段选择，第一个阶段是在商品上架之前，第二个阶段是在商品上架之后。

1.商品上架前

运营人员在给线上店铺进行商品上架的时候，需要合理地布局店铺商品。

在上架商品的过程中，运营人员没有必要将线下店铺的商品全部上传上去。可以根据当下的流行趋势、目标用户群体的定位、产品特点、商品价格等多个方面有针对性地选择商品上传。

2.商品上架后

在所有商品上架完成之后，运营人员还要再次进行新一轮的筛选，选择出最具潜力的一款作为主推款，然后再去测试。

在选择主推款的时候，有以下几个比较实用的选择方法。

（1）跟款选品法。在电商运营的初始阶段，跟爆款也不失为一种好方法。知彼知己，百战不殆，只有熟悉对手、了解对手，才能在策略上避其锋芒，直击痛处，获得利益最大化。通过了解你的竞争对手，加以学习复制，继而超越。爆款之所以可以成为爆款，其价格、款式、面料、风格等是经过市场检验的。有了这样的成功经验做参考，不仅可以跟爆款，仿大店、仿网红店、仿平台潜力新品都是可以尝试的。我们可以在模仿中发现竞争产品前期是通过哪些渠道来养产品的，我们就可以模仿这家的操作流程来养一个新品。

当然，不要完全模仿对手，要学会变通。要分析竞争对手运营的节点、活动节点或者数据提升节点等,根据实际情况来操作。记住一点,前期点击率至关重要,慢慢地,转化率就是重中之重了。

(2)网站选品法。运营人员可以养成定时逛各类网站和电子版报纸杂志的好习惯,有时间就进去看有没有新产品,或者有特色、稀奇古怪的产品,久而久之,就能发现商机。

(3)实体店选品法。虽然我们是做线上电商,但是线下各种实体店也具有参考价值。首先你需要了解市场,当你掌握的数据越多,越能分析出自己有把握做什么产品。比如你是做女装的,可以尝试考察义乌(全球最大的小商品集散中心)、常熟(著名服装城)、虎门(产业带女装)等几个地区。

产业带省市通常也极具参考价值,比如江苏苏州产业带的婚纱礼服、江苏南通的布艺家纺、浙江温州产业带的鞋靴、福建安溪产业带的茶叶等。

(4)微博选品法。运营人员可以关注淘宝的官方微博,还有其他新奇种类的微博,淘宝官方微博一般会发一些最近火、有特色的产品,比如3D风筝、软体风筝。对于新鲜的、有特色的产品,很多人在网上看过后会习惯去搜索同款,就像你在实体店看见某一样东西,也会不自觉地在你的脑海中留下印象,刚好这样东西比较特别,你就很有可能会去网上搜同款了。

我们每天通过各个渠道了解最新趋势,一些当季流行款、流行网络词汇,之所以称之为流行,不过是这一段时间内大家对于某一事物的喜欢,使之在你的生活中无处不在,这也是商机所在。

(5)短视频平台选品法。时下火爆的抖音、快手、微视等视频平台也值得运营人员关注。比如自从小猪佩奇在抖音火了之后,淘宝搜索量暴增。商家也很困惑,不知道怎么回事突然就订单暴增起来了,一时之间,货物供不应求,工厂不能及时发货。许多热点出现,很有可能带动一波购物热潮,这种时候就需要运营人员敏锐地捕捉此类信息了。

(6)沟通交流选品法。最直接的选品方式,莫过于与人交谈。有机会就出去走走,参加会展、聚会等,多与高人交流沟通,他们往往能给你灵感,哪怕有一句话启发你了,就有价值了,就足够了。这类有价值的信息,往往是可遇而不可求的。

三、进行价格设置

在顺利做好爆款选款之后,接下来就是为爆款产品进行价格设置了。

1.爆款产品定价需考虑的因素

商家上架一个产品,大多都是本着卖爆的心理而操作的,而要想卖爆,定价肯定也要合乎常理,切合市场规律。那么爆款产品定价时需要考虑哪些因素呢?具体如图5-6所示。

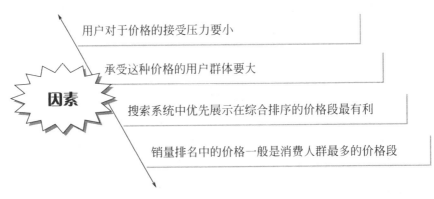

图5-6 爆款产品定价需考虑的因素

2.爆款产品定价的参考依据

(1)参考前20名产品的价格。对于高客单价的产品,在搜索关键词后,按综合排名,找到前20名的产品,看看大多在哪个价格区间,那个就是最受欢迎的;对于中低客单价的产品,在搜索关键词后,按销量排名,找到前20名商品,看下哪个价格区间最受欢迎。

(2)参考行业客单价。如果是有季节周期的产品,就要根据行业客单价灵活定价。

比如睡袋,到了9月份天气转凉,客户就更趋向于双层睡袋,所以需要更换双层睡袋的SKU(商品属性)去提高产品价格,才能保证自己不至于亏损。

(3)分析搜索人群价格区间。分析近90天的客户支付金额,就能得出哪个价格区间是最受欢迎的了,再看看是否与综合排序靠前的产品价格相吻合,若吻合,就按照这一价格区间来定价。

> **一点通**
>
> 如果是工厂型店铺,没有库存压力,生产过程很快,想卖便宜点走量,则可以搜索关键词,按销量排名排序,若是卖得好的价格段刚好与近90天支付价格段吻合,那店铺生意自然不会差。

3.爆款产品定价技巧

运营人员可参考图5-7所示的技巧来为所选的爆款产品定价。

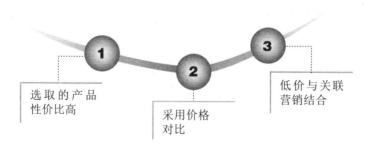

图5-7 爆款产品定价技巧

（1）选取的产品性价比高。选取的产品要在同类产品中具有较高性价比，如果不太好选择，至少要结合店铺的实际情况和产品特点，制定出适中价格，让客户觉得物美价廉也好，或者物超所值也好，总之价格不要让客户望而却步，成为打消购买的唯一原因。

（2）采用价格对比。对主观性比较强的商品，比如服装、首饰类等的标准很难衡量和统一的产品，客户通常会多加对比来进行选择。所以制定好爆款产品的价格后，可以用其他款式的产品来进行对比突出，强调爆款产品的实惠和高性价比等优点。

（3）低价与关联营销结合。为了成功吸引客户关注，低价爆款是一个很好的噱头，但为爆款产品采用低价的同时，还可以使用产品关联营销，多多利用低价爆款引来流量，尽量促进带动其他产品的销售，在低价营销中保证部分利润。

4.爆款产品定价策略

产品定价应以客户为基础，并遵守定价区间的原则，即成本＜价格＜价值。一般来说，爆款产品可以采取图5-8所示的定价策略。

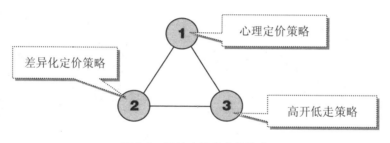

图5-8 爆款产品的定价策略

（1）心理定价策略。包括价值导向定价、尾数定价、整数定价、分割线定价等。以不同的价格设置来迎合接近客户的心理价位，目的是为了让客户觉得自己买赚了。同时一些独特的数字体现了精确度，也契合了一些活动爆款的主题。

比如520表白日当天，售价正好为520的玫瑰花束等，引导客户购买的同时，在宣传上还能彰显特别的意义。

（2）差异化定价策略。基于爆款产品差异化的设计属性，而采取的不同定价策略。

（3）高开低走策略。在做爆款前期，刚开始可以先制定一个较高的爆款价格，之后再根据市场变化逐步调整定价。因为开始就是接近零利润的原价会降低产品的价格弹性空间，而采用高开低走策略则之后的"折后价"或者"爆款价"能表现产品的热销氛围，营造具有感染力的爆款抢购热潮。

相关链接　　　　　淘宝爆款产品定价策略

定价不仅决定了点击率和成交，也决定了商家的利润空间。所以在淘宝店铺运营中，这也是一门必须掌握好的学问。

1.产品定位

在给产品定价之前，首先，我们要做好这款产品的定位。

（1）定位产品人群。在淘宝千人千面的机制下，人群的权重越来越大，一旦店铺或者宝贝的人群标签不精准，产品的权重就会分散。人群主要是从类目、年龄、风格、价格四个方面定位。

① 类目。如果一个店铺里的类目相关性不大，什么都卖，那就很容易打乱店铺的人群标签，导致流量不精准，从而影响权重（权重会被分散），拉低排名。

② 年龄。如果一个店铺里面产品针对人群的年龄段也不统一，那么权重也会被分散。

③ 风格、价格。跟类目和年龄一样，不要给店铺选择多个风格、价格，否则会导致权重分散，降低产品排名。关于价格段的选择，做大类目的新手可以少做高客单价产品，因为新手的资源少，缺少相应的客户积累，店铺等级也不高，大类目高客单价产品很难形成竞争优势。

（2）小类目。做小类目产品，本身的人群就相对精准，所以定价只需要根据成本和受欢迎的价格区间定价即可。

（3）大类目。做大类目可以先选款，再根据选出来的款打造店铺风格。

2.定价方法实操

做好产品定位之后,下一步是决定如何定价才能在精准人群、获取流量的同时,又保证自己有合理利润。决定产品价格主要有以下三个方法。

(1)以数据为导向

① 淘宝网页按销量排序定价。首先在淘宝网页面输入产品的核心主词,找到最受欢迎的一个价格区间。如下图所示。

淘宝网页截图(一)

从上图可以看到最受欢迎的价格区间是 14～27 元。

接着按销量排序,选择销量排行前8的宝贝,计算它们的平均客单价。按照上图中的搜索结果,排名前8宝贝的客单价如下图所示。

淘宝网页截图(二)

根据上图可以计算出客单价平均数为(25+27+29.9+17.8+34.9+15.9+19.9+9.49)/8=22.5 元,这个价格就是该价格段中人气比较高的宝贝价格,在具体定价的时候在此基础上上下浮动 10 元,比如定价范围可在 12.5～32.5 元,新手卖家在定价的时候可以偏向这个区间内较低的一方。

② 计算坑产获取排名。定价要思考不同价格下的销量,以获取排名。把淘宝网前三页产品的价格和销量记录下来,根据之前搜索到的最受欢迎的价格区间,计算出平均销量,然后据此制订一个流量计划,只要达到了计划里面的数据,就可以获取一个比较好的排名。

③ 价格调整误区。在价格的调整中,可能一些卖家会存在误区,归结起来有两条:直接修改一口价(要用打折软件去改价格);或者在进行价格调整时,随意跨价格区间调整。有时候即便你调整的幅度非常小,但是稍有不慎

就会掉出最受欢迎的价格区间，因此影响流量。

（2）以成本为导向。除了用市场数据进行定价之外，还有一个方法是按照成本定价。

① 员工成本。员工成本对于小卖家来说不是需要太多精力去考虑的事情，但如果你是中上规模的卖家，就要把员工成本算进定价里面。

② 推广营销成本。无论是直通车、钻展，还是做淘宝客推广，甚至是补单，都是存在推广成本的。估算出产品一个月的销量，然后用成本除以销量就是平均到每个产品上的成本。这样可以从每个产品上计算利润和成本，从而定价。

③ 产品自身成本。产品自己的成本也需要算在定价里面，除此之外，还要算上邮费的成本。

④ 库存成本。如果你的宝贝有库存，就要考虑售罄率，库存风险=1-售罄率。用剩下库存的价值除以剩下库存数量，才能平分利润空间，补齐亏空。

定价就是在以上所有成本加起来的基础上，再算上利润空间。

无论是以数据为导向定价还是以成本为导向定价，都是需要去做的，因为只有当两种方法定出来的价格相差不大时，才是最优定价。

四、把握爆款周期

对于电商而言，爆款无疑是店铺增加收益、打开销售的好机会，但每一个爆款都有它的生命周期，打造爆款也要合理把握好这个周期。一般来说，爆款的生命周期主要分为图5-9所示的四个阶段。

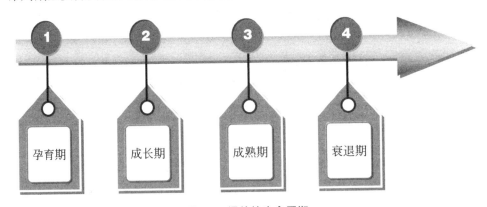

图5-9　爆款的生命周期

1. 孕育期

孕育期也叫产品的导入期，即产品准备上架的时候。

在产品上架的初期，只需保持基本的流量即可，而不需要用直通车、钻展、硬广等"轰炸式"广告进行投放。因为在爆款打造的前期，它没有销量，没有评价，这个时候的转化率肯定是不尽如人意的，你会花掉很多的"冤枉钱"。

这个阶段是用来检验此商品是否能被客户接受，是否可以用来做爆款商品的时期，如果在这个时期的转化率高，则表示在接下来引入大量流量的时候，此商品的销售转化将非常好，适合打造爆款。

在孕育期这个阶段不需要很大的投入来刺激流量，只需保持基本的流量即可。

2. 成长期

成长期是指经过孕育期之后，产品成交量与流量上升最快的阶段。这个阶段是直接影响爆款是否能够形成的重要阶段。

这个时期产品有了一定的销量基础，需要更多的流量来支撑它成为爆款。运营人员可以加大对此商品的推广力度，增加在营销工具上的投入，同时还要保持观察商品是否值得巨大的投入。这个阶段是商品流量和成交量增长最快的时期，可以使用直通车这样性价比高、见效快的营销推广工具。

3. 成熟期

成熟期是指产品销量达到一定程度，被判定为热销产品的时候。

当产品在成长期中获得大量的成交之后，电商平台将会自动判定这是热销产品。在这个环境里，运营人员应该使自己的推广力度和投入达到顶峰。

这段时期店铺内交易量有明显提升，应注意产品的追单以及售后售前服务质量的保证，若此时的服务质量下降，将严重影响店铺以后的销售情况。

4.衰退期

衰退期是指商品经过成熟期销量明显下滑的阶段。

在大势接近尾声的时候,爆款产品的成交量已经开始逐渐下降,在推广力度和投入稳定的情况下,流量也开始下滑,这就证明这款产品已经过时,到达衰退期。这个时候运营人员应该减少在此产品上的推广投入,开始想办法做关联销售,让客户充分了解自己的店铺,留住回头客。同时要开始致力于挖掘新的有潜质的爆款商品。

五、提高爆款转化率

店铺想打造爆款,第一需要流量,第二就需要转化,所以店铺在打造爆款的时候一定要记得先做好转化,当流量爆发时就不会让其偷偷流失。

1.优化主图

主图是客户接触产品的第一道窗口,主图能否给客户留下深刻印象,决定客户是否继续浏览,并产生成交。

一个好的主图,需要注意以下几点内容。

(1)突出主产品。

(2)突出核心卖点。展示图直观,触达客户需求,产生购买行为。

(3)文案简洁有力。

对于主图,可以采取图5-10所示的优化技巧。

技巧一	把产品放在场景中:如产品是刀,则放在砧板上拍照
技巧二	用实例图展示产品特性:比如要表现菜刀的耐用性,可以用刀断铁钉来做图
技巧三	把产品的配套件或赠品展示:比如买刀送刀架
技巧四	展示产品累计销售量:客户都有从众心理
技巧五	有模特的产品尽量使用模特图,且从正反面、侧面等进行多维度展示

图5-10 主图的优化技巧

一点通

主图关系到品牌形象与品牌定位，并且关系到产品的搜索权重，不能频繁更换。

2.优化产品详情页

（1）前期准备。在编排爆款产品详情页前，要做好图5-11所示的前期准备。

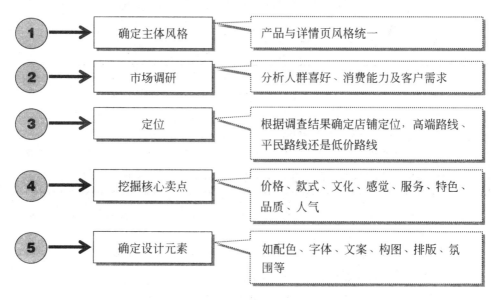

图5-11 编排产品详情页的前期准备工作

（2）常见的详情页要素如表5-1所示。

表5-1 常见的详情页要素

序号	要素	具体说明
1	收藏+关注	轻松赚优惠券或者购物立减××元，优惠幅度可以调整
2	焦点图	突出单品的卖点，吸引眼球，增加购买欲望
3	推荐热销单品	大概2～3个必须是店铺热卖单品，性价比好的
4	产品详情+尺寸表	比如编号、产地、颜色
5	模特图	至少一张正面、一张反面、一张侧面，展示不同的动作
6	实物平铺图	比如把衣服的颜色种类展示出来，不同颜色代表什么性格或者什么风格

续表

序号	要素	具体说明
7	场景图	模特在不同的场合角度,引起视觉的美感
8	产品细节图	比如,帽子或者袖子、拉链、吊牌位置、纽扣
9	同类型商品对比	找一些同类质量不好的,或者高仿效果不好的
10	买家秀展示或者好评截图	展示不同买家拍的图片,或者不同买家的好评截图
11	搭配推荐	比如上、下装的搭配;服饰与鞋子的搭配等
12	购物须知	邮费、发货、退换货、衣服洗涤保养、售后问题等
13	品牌文化简介	让客户觉得品牌质量可靠,容易得到认可

(3)优化技巧。商家可以采取图5-12所示的技巧对产品详情页进行优化。

技巧一:定位上使用一些语气坚定的词,比如全网销量冠军,需注意广告法

技巧二:产品描述要简洁,不说废话;图片要尽量高清,尽量原创,不盗图

技巧三:教客户专业知识:给客户一个理由,为什么我的产品品质好,为什么你要买我这个产品

技巧四:大胆晒出细节图:细节展示等于信心展示,告诉客户我们不怕检验

技巧五:低价产品要突出质量过关;高价产品要讲清楚价值

技巧六:不要缺少品牌故事,增强客户信任

技巧七:排版得体,循序渐进

图5-12 产品详情页优化技巧

3.关联销售

关联销售可以让已经购买的客户多一个购买的理由,也可以让未购买的客户继续浏览,多一个成交的可能。

常见搭配方式如图5-13所示。

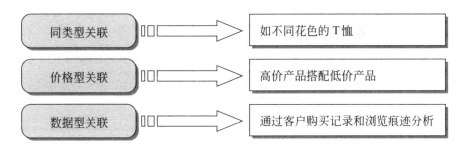

图5-13 常见关联销售的搭配方式

4.采用促销活动

促销活动一般可以分为两类,一是自己店铺内的活动,二是店铺外的活动。采用促销活动提升爆款转化率的操作要点如表5-2所示。

表5-2 采用促销活动提升爆款转化率的操作要点

序号	操作要点	具体说明
1	促销方式	(1)借力促销:利用热点促销,如来自星星的你同款;明星促销,如×××同款 (2)组合促销:搭配促销,如买裤子送袜子;捆绑式促销,如加一元送一件;连贯式促销,如首次购买全价,第二次购买8折 (3)指定促销:指定对象促销,如母亲特惠、女性特惠;指定产品促销,如买A送B (4)附加式促销:包邮、以旧换新等
2	操作技巧	(1)设置临界价格,造成客户视觉误差:如100元和99元 (2)设置阶梯价格:如新品上架,第一天5折,第二天6折,第三天7折 (3)设置错觉折扣,营造"买就赚"的感受:花100元换购价值130元的商品 (4)一刻千金:如规定时间内超低价销售 (5)超值一元:限量低价,加一元换购
3	注意事项	(1)最好是店内外活动一起配合做 (2)备货要充足 (3)售中客服管理 (4)售后处理要跟上

5.做好客服工作

有时候辛辛苦苦用工具引进的流量,有相当大的一部分流失了,这是为什么呢?除了店铺本身原因外,客服问题不容忽视。优秀的客服必须做好图5-14所示的几点。

事项一	牢牢抓住每个进店的客户
事项二	了解产品知识,避免一问三不知
事项三	及时回复客户信息,避免客户不耐烦
事项四	善于推销,比如"亲,推荐您一款上衣哦,和您刚买的裤子搭配是绝配哦,上身效果肯定超帅的,一起买还免邮的呢"
事项五	需求判断:如果客户问××码的童装5岁小孩能穿吗,则可继续追问地区、身高等,为其精准推荐,争取客户好感
事项六	订单催付
事项七	狠抓回头客:耐心处理售后问题

图5-14 优秀的客服应做到的事项

六、产品测款

作为运营人员,都希望为自己的店铺打造一个甚至多个爆款,而每个爆款都不是一蹴而就的,几乎都有一个循序渐进的周密计划的过程,而在这个过程中,测款至关重要。

1.测款的三要素

测款就是选出优质的款式,通过优质的款式作为主推,来带动全店的自然搜索,并撬动全店的动销率,达到全店盈利的目的。测款的三要素如图5-15所示。

图5-15 测款的三要素

（1）足够的流量。很多人会关心测款需要多少时间，其实测款的时间可以根据实际情况作出调整，比如周期性比较明显的产品，如果上新比较晚，同行都已经顺利走向稳定期了，那么测款就要快，越快越好，1～3天之内搞定。如果上新是赶在同行前边的，那也要快，不尽快测好款，很可能就被同行抄袭跑先了。只有上新是踩着时间节点和同行同步的，可以稍微放缓，但是一般来说也不建议超过7天。但是时间可以调整，不能商量的是流量必须要足够，否则测款就会不准确。那么多少流量才算足够呢？对于上新比较频繁的非标产品来说，基本上平均每个款100个以上的点击量才可以够用。而对于标类产品来说，则需要300个起的点击量，或者每张图100个起的点击量。

（2）公平的环境。在足够的流量基础之上，我们还需要为每个款式提供公平的环境，比如在同一个计划、出价一致等，对于非标的产品来说甚至需要每个款式都是一样的页面布局和设计。

举个反例，如果某个产品你是精心设计过的，加了一些营销手段（比如收藏就送5元优惠券），那么这个产品本身就比别的产品更具优势，数据表现好也是比较正常的。

（3）速战速决。虽然前面有说时间可以调整，但是测款却依旧还是越快越好，时间周期比较明显的产品自然不用说，把握好节点必是成败的关键，而对于周期没有那么明显的一年四季都可以销售的产品来说，上架之后长时间不能判断产品好与坏，持续不温不火，也是很难打爆的，所以一旦上架，就注定要速战速决。

所以，测款的核心是——快速获取足够的流量。

2. 测款的方式

测款的方式有很多，如图5-16所示。运营人员可以根据自己的类目和自身情况进行挑选，选出适合自己的推广方式、渠道。

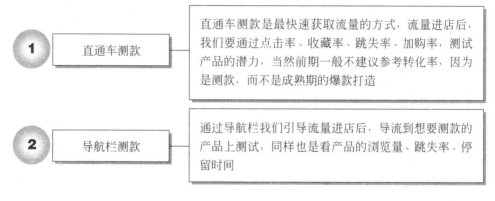

图 5-16

| 3 | 关联营销测款 | 店铺有引流款流量相当不错的话,可以通过关联营销导入流量测试,同样看的就是上面几个数字。单品要有较大的流量,如果流量不多建议不要做关联营销,因为流量分散之后,会导致转化率下降的 |

| 4 | 行业专家反馈 | 通过行业现状进行分析,可以通过生意参谋、市场行情,看出行业的数据以及趋势进行测款 |

| 5 | 客户反馈 | 通过客户的角度了解市场的需求,因为客户才是我们真正的客户、流量,我们不能站在竞争对手的角度分析,要站在客户的角度分析我们需要做什么样的产品迎合市场 |

图 5-16　测款的方式

相关链接

测款应关注的数据

1. 点击率

点击率直接体现的是对这款产品的兴趣度。点击率更高的产品,在相同的展现量下,可以带来更多的流量,更容易推广。影响点击率的因素有主图、价格、关键词精准度等。所以,测款前这些数据要优化好。

2. 收藏率

收藏率反映了这款产品的潜力,收藏率越高说明潜在客户越多。后期转化为成交客户的可能性越大。这个指标在选款上的影响因素很大。

3. 加购率

加购直接反映了客户对于产品的购买意愿,加购率越高,客户的购买意愿越强。当然,如果加购率很高,但是购物车转化不高,这个就需要及时分析竞争对手。

4. 转化率

转化率直接反映了客户对这款产品的接受度。高的转化率可以在同样的流量下获得更多的销量。转化率越高,也说明了流量的利用率越高。

5.客户反馈

其实这数据是在数据积累到一定程度之后才会有的。客户反馈包括评价、DSR评分、退换货比率等指标。它是客户收到产品之后产生的,也是客户收到产品以后最直接的阐述。这个指标决定了产品有没有继续推下去的必要。

第6章

营销推广

阅读提示：

电商营销活动的开展，不仅应以产品为核心，还要利用网络环境开展营销活动，实现营销的创意性与个性化。

关键词：

⇨ 社交媒体营销

⇨ 短视频平台引流

⇨ 活动促销

一、搜索引擎营销

搜索引擎营销,英文Search Engine Marketing,我们通常简称为SEM。搜索引擎营销的基本思想是让用户发现信息,并通过搜索引擎搜索点击进入网站/网页进一步了解他所需要的信息。在介绍搜索引擎策略时,一般认为,搜索引擎优化设计主要目标有2个层次:被搜索引擎收录、在搜索结果中排名靠前。

1.搜索引擎营销的价值

有调查显示,大部分网站70%以上的流量来自于搜索引擎,搜索引擎可以给企业网站带来大量用户。更重要的是这些用户都是通过搜索与企业相关的关键词进入网站的,也就是说这些用户大部分都是潜在客户,这就达到了精确营销的效果。企业也能通过搜索引擎放置不同的关键词来有针对性地寻找潜在客户。搜索引擎营销的价值体现在图6-1所示的方面。

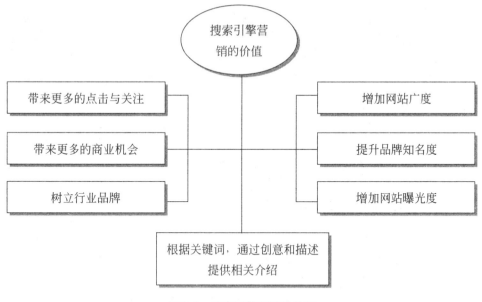

图6-1 搜索引擎营销的价值

2.搜索引擎营销的特点

与其他网络营销相比,搜索引擎营销有其自身的鲜明特点,具体如图6-2所示。

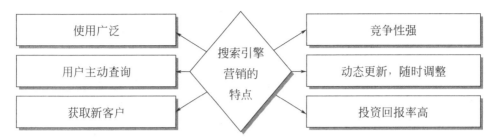

图6-2 搜索引擎营销的特点

3.搜索引擎营销的宗旨

搜索营销的最主要工作是扩大搜索引擎在营销业务中的比重,通过对网站进行搜索优化,更多地挖掘企业的潜在客户,帮助企业实现更高的转化率。搜索引擎营销的宗旨如图6-3所示。

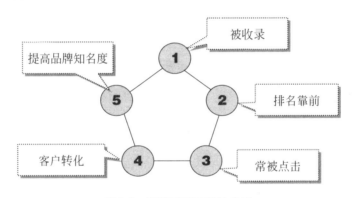

图6-3 搜索引擎营销的宗旨

4.搜索引擎营销的推广方式

互联网不断在发展,现在的信息是以爆炸式的速度在增长,如何在浩瀚的互联网中寻找到自己想要的信息,这就要依靠搜索引擎。它可以为你提供信息导航服务,让你准确找到信息。

目前搜索引擎的推广方式可以分为自然推广、竞价排名、混合竞价方式三种推广方式,具体如图6-4所示。

(1)自然推广。自然推广是指人们可以将要推广的信息通过网页等形式发布到搜索引擎,然后通过正当的SEO(搜索引擎优化)技术使你需要推广的关键词在搜索引擎中得到一个理想的排名。

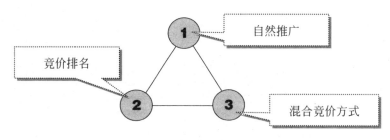

图6-4 搜索引擎营销的推广方式

> 做好自然推广，一定要做好SEO，其实SEO工作就是围绕着关键词、链接、权重这三个要素来展开。

（2）竞价排名。自然推广固然免费，但是自然推广存在着很多不确定性，虽然SEO可以帮助得到一个好的排名，但是SEO不能保证百分之百成功，而且SEO不是一个短期就能得到效果的方法，企业可能等不了这么久的时间，正好竞价排名解决了这一问题。所谓"竞价排名"就是搜索引擎根据你出的价格给你相应的排名，这样省去了SEO的工作，企业很快可以得到一个排名，前提是你需要付费，这里价格成了排名的唯一因素。

（3）混合竞价方式。搜索引擎在竞价排名的基础上，又推出了"混合竞价"方式，即在排序时除了考虑价格方面的因素，还同时考虑点击率的高低。这种方式不仅可以使得企业得到好的排名，而且能够提高网页匹配度，也提高了用户的体验。

相关链接　　　　如何做好搜索引擎营销

下页图中最上面的是展现量，最底端的是订单量。搜索引擎营销的最终目标就是要订单量。但是，要实现这个目的需要做好每一个中间环节，即点击量、访问量、咨询量。

那点击量少、访问量少、咨询量少、订单量少的原因是什么呢？

点击量少就是因为展现量太少，说白了就是目标客户找不到你的推广信息。就这么简单！访问量少就是因为你的点击量太少，没多少人进入你的网站，访问量怎么能高呢？

搜索引擎推广的漏斗图

咨询量少的原因：一是访问量太少，造成没有多少目标客户进入你的网站；二是你的网站有问题引不起客户咨询的兴趣。

订单量少的原因首先就是咨询量太少，其次，是你的销售沟通有问题，最后，就是你的产品、价格、服务满足不了客户的需求。解决各环节问题的关键策略就是企业自身，而不是网络。网络的职能就是把客户给你带到门口，但是，能不能掏腰包靠的是企业自身。

只要我们知道了这些根本原因，问题也就迎刃而解了。也就是说只要做好下面这几步，一定是有不少订单的。

第一步：解决展现量的策略

展现量也就是被用户看到的次数，也就是曝光率。做好这个重要环节的办法就是有大量的关键词可以出现在搜索引擎前列。具体做法在第二个环节里面详解。

第二步：解决点击量和访问量的策略

首先要确定推广方法。搜索引擎营销推广的方法有两种模式：一是SEO，二是点击付费。

怎么才能做好SEO呢？

目前，百度不断地升级算法，做SEO确实也有些难度。但是，只要掌握一个原则就足够了，不用花太多心思去研究它的算法。什么原则呢？一要考虑用户，二是要考虑百度。站在用户的角度我们需要提供高质量的内容，站在百度的角度就是不要作弊。其实，只要认真做好内容，再用一些SEO的技巧就可以获得良好的搜索引擎表现。

这里就必须掌握SEO的技巧，其中重要的就是要明白网站排名的核心指标。

（1）标题。标题是所有因素中最重要的因素之一，搜索引擎判断某个网页的内容主要是通过标题。所以，标题中一定要包含关键词。

（2）描述。描述就是对网页内容的总结概括。

（3）内容。内容必须和标题吻合，内容最好是原创的、高质量的。

（4）关键词密度与位置。关键词出现的位置以及密度都会影响排名。

（5）外部链接。外部链接目前的占比有所下降，但是，依然是很重要的指标。

（6）站内链接。站内链接依然是搜索引擎综合判断网站主题的关键。

（7）服务器。只要没有被惩罚过，网速流畅、稳定即可。

（8）网站结构。只要是树状或者扁平结构就可以了。

（9）用户行为。这里涉及很多方面，比如：跳出率、停留时长、分享等。

（10）其他细节。H标签使用，ALT属性使用，网页的大小，代码是否简洁规范等。

（11）域名权威。这点主要是域名的年龄和被链接网站的质量以及数量。

传统的SEO做法就是做个网站，除此之外，我们还可以借助第三方平台来做SEO，通过优化在第三方平台上发布的信息，在搜索引擎上也会有良好的排名给我们带来大量流量。可以借助的平台如下：①BTB平台；②博客；③论坛；④百度相关平台；⑤问答平台；⑥分类信息；⑦微博。这些都是做SEO的很好的第三方平台，它们有高的权重，搜索引擎都很信任它们，通过这些平台就可以源源不断地带来客户。

关键词排名操作方法都是遵循SEO的。比如：标题中必须出现关键词，内容中必须出现关键词，关键词加上H标签，图片加上ALT属性等，内容原创高质量。

第三步：解决咨询量的策略

（1）定位产品/价格。首先，你要学会调查市场，特别是竞争对手，调查他们是怎么做的？他们的主打产品是什么？价格是多少？有什么做得好的地方等。同时，想做好网络营销，产品价格定位也是必须要做的功课。你的产品有什么独特优势、卖点？主要是用来解决什么问题的？对客户有什么价值，最大的价值是什么？这些你必须非常明白。否则，无论你卖什么产品，进入价格战是不可避免的。提炼好了就用图文并茂的方式展示在客户面前。

其次，就是产品价格。比如：你的同行都是卖10元钱，你才卖5元，为什么？你必须解释原因；而如果你卖100元，为什么？你也必须解释原因。否则，客户都会怀疑的。

（2）策划营销性质的内容。为什么说是营销性质的内容呢？因为只有营销型的内容才更有说服力度。比如：介绍一个产品，传统的做法就是一大堆文字、数字，这样的介绍方式就像教科书一样没有任何说服力度。

如果介绍内容中有360度拍摄的图片，并且图片都处理得非常吸引人，产品的每个细节都有图片说明，并附带广告性质的文字介绍，它能给客户带来什么价值，这个产品的原材料是什么，生产车间是什么样的，它还获得了什么样的证书，然后，你还给客户承诺，如果买了这个产品，有质量问题免费退换等内容，那么，这种方式是不是更有吸引力呢？

淘宝中凡是那些销量很高的，产品描述一定是营销型的，凡是销量不怎么样的，基本都是老套的介绍方式。

（3）便捷的沟通工具。如果客户产生咨询的欲望了，却找不到你的联系方式或者没有网络沟通工具，很有可能他就关闭网页去看另一家了。

（4）客户案例/客户评价等。客户主动咨询关键原因还是对你的产品产生了信任或者兴趣。如果你做不到这点，就很难有好的咨询量。因此，过往合作过的客户案例以及客户的评价就是最好的证明，客户对第三方的评价很看重。

（5）企业介绍。在合适的位置简明扼要地介绍公司是很有必要的，没有哪个人连你的公司基本情况都不了解，就会和你合作的。

（6）相关证书。给客户展示证书的目的还是不断增加信任的筹码，让客户产生信任。因为，证书是第三方权威机构颁发的，容易使人产生信任感。

（7）有杀伤力的成交主张。对于这点非常重要。什么是成交主张呢？关键点就在于：先给钱再做事，还是先做事再给钱，或者先给一部分事情做好再给钱。然后是做不好你对客户有什么承诺。这点的黄金法则就是：我们必须百分百地站在客户的角度来思考。如果客户感觉自己承担风险越小，他就越容易购买，心理的防线就越低。对于一个真正负责任的企业来说，为客户降低购买风险是责任。

第四步：解决成交的策略

网络的主要职能是把客人带来，成交靠的是企业本身。比如：本来一个客户购买意向很高，但是由于销售人员销售素质需要提高，结果却把客户赶跑了。要解决这些问题最好的办法就是：从销售人员、产品、价格、售后服务等方面来改善。

（1）提升自身销售素质。首先最有效、快速的提升技巧就是多与客户沟通，如果开始没有那么多客户供我们练习，可以找同事相互练习；其次，就是阅读一些销售方面的书籍；最后，对产品必须非常熟悉，最好是产品专家。

（2）提供优质的售后保障。售后保障是每个人购买前都很重视的因素，没有人愿意买一个连售后服务都没有的产品，除非这个产品确实不存在售后服务。那么，什么样的售后服务才是最有杀伤力的呢？这要根据不同情况分类制定，比如：免费退换货、服务期内提供什么样的服务等。关键点是：搞清楚客户在购买后最担心什么问题？只要你把这个问题给客户一个承诺，并且让他相信就够了。

（3）提供便捷的购买流程。实际操作中谁也不愿意花太多时间在购买流程上。比如：漫长的运输等待、复杂的手续等。

（4）设计一个强大有力的成交主张。就算客户很满意你的产品或服务，但是，你的购买主张客户不喜欢也是无法成交的。因此，我们不仅要百分百站在客户的角度思考，而且要考虑自身原则，即给客户一个不得不买的理由。

二、社交媒体营销

社交媒体是人们彼此之间用来分享意见、见解、经验和观点的工具和平台，现阶段主要包括社交网站、微博、微信、博客、论坛、播客等。

1.社交媒体营销的特点

社交媒体的崛起是近些年来互联网的一个发展趋势。不管是国外的Facebook和Twitter，还是国内的人人网或微博，都极大地改变了人们的生活，将我们带入了一个社交网络的时代。

社交媒体营销具有图6-5所示的特点。

特点一	周期长
特点二	传播的内容量大且形式多样
特点三	每时每刻都处在营销状态、与客户的互动状态，强调内容性与互动技巧
特点四	需要对营销过程进行实时监测、分析、总结与管理
特点五	需要根据市场与客户的实时反馈调整营销目标

图6-5　社交媒体营销的特点

2.社交媒体营销的优势

社交媒体营销具有传统网络媒体营销的大部分优势，比如传播内容的多媒体特性、传播不受时空限制、传播信息可沉淀带来的长尾效应等。对比于普通网络媒体营销，社交媒体营销还有着如图6-6所示的优势。

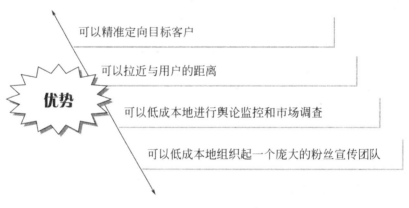

图6-6　社交媒体营销的优势

3.社交媒体营销的策略

利用网络社交媒体进行营销是很多电商采取的办法，其以成本低、能够锁定目标客户、交互性强、信息反馈完整等多种传统营销办法所不具备的优势为大家所欢迎，也有更多的跨境电商正在逐步试水社交媒体营销，希望能够在其中获取新的营销突破。那么，要做好社交媒体营销有什么策略呢？具体如图6-7所示。

图6-7 社交媒体营销的策略

（1）社交媒体只是一个配角而非明星。一定要明确，运用社交媒体进行营销虽然有很多的优点，但它的缺点与它的优点同样多，最大的一点就是其结果不可控，有可能花费大量心血最后只是竹篮打水一场空，因此社交媒体需要配合系统的营销管理体系，并且其往往只属于系统的配角部分。

（2）利用网络社交媒体撬动和支持个人参与并投入到活动中。网络社交媒体相对传统媒体最大的优势在于，其具有强烈的交互能力。根据调查，当一个人对一个活动的参与度越高时，记忆越是深刻。传统媒体都是自上而下的广告，采取的是灌输式、教育式营销办法，其交互性可以说是完全没有。

（3）利用网络社交媒体与客户建立情感关系。网络社交媒体还有一大优势就是客户黏度高，传统的营销方式不能真正掌握客户，而网络社交媒体可以更加轻松地跟进客户，在当今服务为王的年代，运用社交媒体可以令你有机会对客户进行服务，从而促成下一次销售。

（4）利用网络社交媒体来了解你的客户。网络社交媒体还有这样的特点，就是反馈客户信息。传统的营销办法都是输出型，很难获得客户的感受，需要专门进行市场调研。而网络社交媒体可以在营销的同时便获得客户反馈，甚至在产品生产之前就能获得反馈，这样可以极大地提高企业的市场反应能力。

（5）利用网络社交媒体举办比赛等活动，提高品牌效应。举办比赛等活动并非是网络社交媒体的专属，这种营销方式在很久之前就有了：冠名运动会、进行慈善活动、举办演出等。那么网络社交媒体的优势是什么呢？灵活。传统方式举行的活动一般是大型活动，成本较高，需要大量专业人员支持，而网络社交媒体举办的线上活动可以很简便，推广起来也很轻松。

（6）运用网络社交媒体推出产品。这一招显然被当今的互联网公司运用得轻车熟路，在产品设计时发布个微博，产品生产时发布个微博，产品上市再发布个微博……反正是博人眼球的办法，而且成本又低，不用白不用。

（7）运用社交媒体引领人们的谈话主题。现在所谓的社会热点有很大一部分都是依靠着背后的推手进行推动。不得不说，现在人们的发言权越来越自由，但是引导舆论却越来越简单，因为群众思维是很容易猜透的，并且网络上从众效应很严重。这个策略需要运营人员慎重采用，稍有不慎很有可能越界，严重者甚至会违背道德、违背法律。

（8）网络社交媒体要做到可视化。这是电商未来应该发展的方向。由于这些商家存在线上信息失真等问题，客户购买东西的时候看到的照片及文字信息事实上都是经过处理的，商家为了自己的利益会在一定程度上美化自己的产品，这对客户事实上是不公平的。可视化就是做到真实准确地反映商家信息，所见即所得。

（9）运用社交媒体令客户创造产品。社交媒体应该用来了解客户，而如果要达到更高层次的话，那就是令客户创造产品。传统的供应链形式是设计产品→生产产品→销售产品→市场反馈，事实上，当进入市场反馈的时候，一切都已经结束了。如果市场反馈放在前端，就能极大地提高产品对客户的吸引程度。

（10）最大化社交媒体活动的有效性，始终保持"下一件大事"。社交媒体有一个现象就是，如果长期不举行活动，很快听众的热情就会冷却下来，必须持之以恒地进行活动，增强与客户的黏度。有许多社交媒体看起来粉丝众多，但是长期不举行活动，粉丝也是购买的僵尸粉，实际上其价值是打了很多折扣的。

相关链接　　　　社交媒体营销的误区

如今移动互联时代，社交媒体营销对于各个商家来说变得越来越至关重要。像微信、微博给了各品牌一个很好的平台，通过这个平台，能够将品牌的概念、价值很好地传达给客户。良好的第一印象是品牌成功的关键点，给人留下的第一印象一般都是很快的、强烈的并且是持久的，所以我们做任何事情都要踏好第一步。因此在营销过程中勿陷入以下这些误区。

1. 创建太多账号

请不要试图在每一个社交媒体上都建立账号。因为频繁创建社交媒体账号的举动根本无益于与客户建立信任关系，只会让商家看起来出奇的无能笨拙，从而也无益于品牌的推广。等到你无力管理这些平台举手投降时，你会看起来更加糟糕。当然，活跃在多个平台是很重要的，但是需要注意的是，它不应该是在你刚刚成长起步的时候。

2. 缺乏社交媒体营销策略

如果商家缺乏社交媒体营销策略，那就不能带给客户有效的信息，而且它与客户的沟通也必将是脱节的、混乱的。所以商家进行社交媒体营销时，必须要形成自己的特色，有一个可衡量的目标，有一个社交媒体运行规则，还要有一个定期发布日历。如果没有了这些，你会发现自己只是在盲目地发布，并且在削弱自身的品牌价值。一个清晰有效的社交媒体营销策略，其价值就在于它能够使发布的内容有效吸引客户并产生黏性。

3. 买粉

数量不能成就质量。商家的目标是通过免费电话、智慧在线客服咨询获得用户信任，注重的是用户的质量，而并不应该只关注于数量。成千上万的粉丝数量应该是商家拿时间和精力换来的，买粉可能会造成公众的强烈反感。试想一下如果商家的真实粉丝发现了商家的买粉行为，他们还会忠实追随商家吗？他们对于该商家的信誉度又会作何评价呢？

4. 没有正确使用标签

标签的使用可以极大程度上提高品牌的可见度，可以让更多的人更方便更准确地找到商家发布的内容，也可便于商家进行内容强调方便人们理解，从而提高商家品牌的曝光率和可见度。

5. 没有好好进行审核

你是否曾经在微博上看到过错别字？是否在微博上读过不通顺的句子？草率编写发布的内容可能会瞬间瓦解商家之前在社交媒体上的努力，所谓"窥一斑而知全豹"，常犯小错误，会让客户觉得该商家不可靠。所以，在发布内容前，一定要进行审核，千万不要犯些低级错误而留给客户不好的印象。

6. 缺乏与粉丝的互动

使用社交媒体的人会很高兴看到一些商家的回应，因为他们希望是在与人类沟通而并不是一个机器人。商家对于一些热点的回应可以建立与客户之间的信任与亲密关系，也可以帮助商家在客户心中留下一个有趣、智慧的印象。

总之，商家在进行社交媒体营销时千万不要因为这些低级的失误而葬送了大块的营销市场，给自己的品牌带来伤害，因此运营人员需要不断做好细节，优化好每个环节，塑造好商家良好的形象。

三、微博营销

如今，微博已经成为了一种不可或缺的传播平台，及时、迅速、便捷的特点，改变了人们的生活方式、交流习惯，改变了商家宣传推广和营销的固有模式。

1. 微博营销的目的

电商做微博营销的核心就是利用微博提高自己店铺的知名度。要认清一点，微博营销不是为了直接出售，而是为了互动、建立信任，这样才会达到最终销售目的，获取真正的经济效益。并且店主可同时倾听客户的反馈，不断完善自己的产品和服务品质，即放长线，钓大鱼。

2. 定位网店微博的形象

运营人员首先要定位好店铺微博的形象，因为微博就代表着店铺的形象，可以根据店铺的销售人群来树立形象。其次要确立微博的目标，即宣传店铺，吸引到更多的客户人群，稳定现有的粉丝客户，保持跟粉丝的日常互动，来达到店铺的良好业绩。因此，店铺在微博的形象，包括微博的头像、主页和日常的内容、图片方面要保持统一的风格，并且要带有店铺的特色，给用户一种不一样但又十分喜爱的体验。

3. 注重内容

运营人员在进行微博营销时，应当首先从内容方面入手。与转发的内容相比，原创微博内容更易于吸引粉丝的关注，因此，建议你坚持每天发布几条原创微博，以增强内容的可读性、生动性和趣味性，可以采用文字＋网站地址＋图片的形式，以吸引粉丝的注意。

同时，在转发他人微博时，首先应当选择关注度比较高的热门话题。目前新浪、腾讯微博都有热门话题推荐，在转发时，可以用生动的语言注上转发理由，或进行适当的评论，不要只是简单地转发。此外，也可以回复其他网友在热门话题下的评论，与网友进行互动，以吸引网友访问你的微博主页，甚至关注你。如图6-8所示。

图6-8　电商商家转发热门话题微博截图

4. 掌握发微博的时间段

运营人员在发布微博时，尽量选择用户刷微博的高峰时间段，比如正常工作日的早晨、午休时间以及下午临下班时间，这样你的微博得到回复的可能性就会增加。有的认证微博喜欢在午夜时间发布"心灵鸡汤"或网站活动海报，结果这些信息还没等到网友们查看，就淹没在清晨的最新微博里了。

5. 实时互动

其实，微博之所以获得网友们的追捧，其魅力就在于"互动"二字。对于商家的微博来说，拥有一群不说话的粉丝无异于没有粉丝。所以，即便你花钱买粉，对你的店铺推广并不会有太大的实际意义，因为那些"僵尸粉"不会与你互动，你的微博主页仍如一潭死水。

因此，运营人员在利用微博进行营销时，除了宣传活动和产品外，应该更多地注重与粉丝的互动，积极回复粉丝的留言，热情解答粉丝的疑问，使粉丝感受到你的真诚，博得情感方面的认同。如图6-9所示。

图6-9 电商商家在微博与粉丝互动截图

6.有奖活动

时下,活动内容+奖品+关注/转发并@好友的活动形式极大地调动了广大微博用户的参与积极性。所以,不少电商微博都会在新品发布、促销优惠、节假日等特殊时间段举行有奖活动,通过赠送奖品吸引更多粉丝的关注,增强微博人气。当然,所赠送的礼品最好是店铺中所销售的产品,这样既给自己的店铺做了广告,没有获得奖品的粉丝还可能会自己花钱购买,从而带动产品销量。如图6-10所示。

图6-10 电商商家新品发布优惠活动微博截图

🔗 **相关链接**　利用微博活动广场提升粉丝关注数量

新浪微博的活动广场包含了有奖转发、限时抢、有奖征集、免费试用四种玩法,也就是这四种玩法,吸引了众多商家和用户前来参与,因为是新浪微博二级入口,所以这里的用户流量巨大,只要我们的活动方式和内容能够赢得用户喜欢,就会吸引众多的用户来参与和互动。

1. 话题设计

无话题不活动,话题的设计应该弱化商业属性,以轻松、有趣的内容为主题,这就要求运营人员既要考虑用户的感受,还要兼顾产品,只有二者完美合一才能吸引更多的微博用户。

2. 奖品设定

用奖品以及用户喜欢的东西吸引用户参与活动,这是很多商家在做活动时通常的做法,如何低成本获得更优质效果才是关键。

3. 海报设计

如果海报需要承载引流的重任,不建议在图片上植入二维码或者联系方式,因为这样是不会通过微博审核的,可以对用户进行话术引导,比如下图所示的海报。

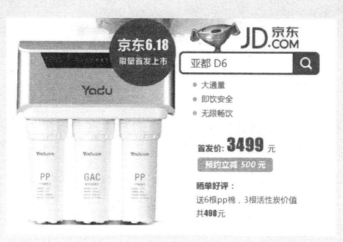

海报截图

4. 大号选择

在活动的过程中,运营人员也可以精选2个左右的大号进行推送,借助大号微博的力量来提升用户的参与度,并以此来导流,效果会很好。

5. 发送时间

影响微博活动效果的因素众多，虽然目前没有直接的证据说明发布时间对微博活动效果的影响，但是，基于以往的操作经验，以及通过观察微博用户的日常活跃时间，建议运营人员将微博活动发布时间选择在下午4~6点。

6. 效果评测

（1）借助微博数据助手中的粉丝分析进行测评。粉丝分析主要是从粉丝性别、粉丝数量、粉丝来源、粉丝类型、粉丝年龄、粉丝地区分布、粉丝星座这几个维度进行。当然，如果需要更精准的测评，可以购买微博的付费模块来查看粉丝数据。

（2）抽样检测法。点击下载活动用户的参与名单，选择一定的样本，抽个查看个体粉丝的真实情况进行检测，这样就可以得出结果了。

通过对一个运营账号的分析发现，10万多粉丝的账号，认证用户占到了0.8%，这也意味着将近有1000用户是经过新浪微博平台认证的高质量用户，这一类用户将是我们未来运营的重点。而且平台还支持认证用户数据导出功能，非常便于运营人员对他们进行重点关注。如果我们细心观察就很容易发现，经常与我们互动的用户其实就是固定的一部分人，如果能将这部分的人锁定，并通过互动的方式调动其他高质量用户的积极性，那我们之后的工作将会变得越来越容易，也将更有价值。

四、微信营销

微信是一个非常大的流量入口，运营人员也可以通过微信来进行营销，同时也能够维护粉丝。

1. 平台导流锁住客户

现在整个电商环境，获取新流量的成本越来越高，所以一定要把老客户的价值做到最大化，从而提升销售额。

要利用好店铺成交客户，因为在店铺里购买过产品的客户，对本产品是有需求的，如果加到微信之后，后期客户再有这方面的需求，可能第一时间就会想到你。当然，不是所有的老客户，都适合挖掘他的深度价值的。

对于电商来说，比较普遍的加粉方式，就是在商品里放好评返现卡，但这种方式引流来的客户，在群里的活跃度很低，甚至有的人加微信之后就删了，客户的黏性太差。这时运营人员可以抓住客户痛点，吸引客户加微信。你给的返现只是小利，并不是客户最想要的，如果你能持续为客户服务，解决他的问题，很多人就会主动加微信。

比如，你现在做的一款瘦身保健食品，只要客户加你微信，你就会安排专业的营养师对客户进行一对一辅导，指导客户怎么吃才不胖、体重一直没下降的原因等问题，这些就是客户的痛点。

2. 增强客户的信任感

线上交易，最重要的就是建立信任感，尤其是高客单价的商品，客户信任你，后期的成交就容易得多。

（1）打造个人形象。

比如，卖营养品的电商，营养师的微信名都是××老师，在朋友圈也不发广告，只分享专业的瘦身知识和学员真实案例，让客户觉得专业并且真实，这样后期客户和老师交流的时候也会持尊重的态度。

（2）了解客户信息。客服人员在加完客户微信之后，要记录好客户的信息，包括性别、身高、体重、年龄、电话等，对客户有一个大概的了解。

（3）专业解答。负责微信的客服都要经过培训，客户遇到的问题，微信客服要有比较完善的话术，告诉客户怎么解决这个问题。

3. 建立微信群

在一对一沟通比较好的情况下，可以考虑建群，但是一定要维护好，不然群里有一个客户出现售后问题，影响就会很大，后面的局势就控制不住了。

邀请进群的成员，也要先筛选，一般都会选与微信客服交谈有礼貌、使用过本产品并对本产品明显有好感，并且可以预测以后会持续购买的客户进群。建议一个群成员在70人左右，可安排一个助手和几个小号帮忙维护群秩序。

4. 朋友圈营销

在获取客户的微信之后，只要你定期更新朋友圈，客户肯定会看到你的朋友圈，除非客户把你屏蔽了。然后通过朋友圈可以进一步吸引老客户的目光。一些老客户使用过你的产品之后，觉得还不错，如果你的广告足够吸引人的话，很大程度会继续购买你的产品。

朋友圈每天需要保持有一定数目的更新，首先是会在好友中获得一定数目的曝光量，对于这个好友保持印象。在更新动态的时候需要保持一部分的个人动态的量，使具备生活气息的账号会更加的有亲近感，同时会有更多的互动感，这样也是可以增加和好友之间的情感联结。

一本书学会做运营：电商产品运营攻略

一点通

在朋友圈发状态的时候，可以尝试不同的风格，以免引起读者的视觉疲劳。

相关链接 　　　　电商会员公众号运营思路

现在已有不少的商家注册了公众号，可是有些运营效果却不是很乐观。运营一个公众号，一定要有自己的思路，要明白这个号是做什么的，如何定位，如何运营。

1.架构

当你完成公众号定位之后，首先要做的就是公众号菜单栏的设计，这三个主菜单，你要突出什么，和用户相关才会吸引用户点击。记住遵循有条理、有情趣这个准则。

需注意下，菜单栏可以根据时间节点进行改变，结合一些俏皮的网络用语，可适当增加打开率。

主框架确认之后，接下来就是内容输出了。如今都在提人格化，你的账号也需要特定的称谓来实现人格化定位，让人说到这个词，立马就能联想到你的产品。比如良品铺子的称谓就是经过设计的，粉丝叫良粉，其他还有良票和良币等，可提高品牌影响力。如下图所示。

【趁热狂欢】今日瓜分1000000积分@良粉

良品铺子　1周前

免费吃草莓脆喝RIO鸡尾酒，做梦都没想到？
618狂欢盛典惊喜翻倍，
前方超多福利高能来袭！
↓↓

良品铺子公众号截图

2.吸粉

说完定位和架构，接下来就是很多商家都注重的吸粉话题了。作为一个为电商会员服务的公众号，吸粉可从以下几方面进行。

（1）DM单。这是最有效、转化率最高的吸粉方式，重点是要关注扫码的权益和文案说明。

（2）海报裂变。这是短期内能够实现快速增粉的方法。海报设计时需注意时间节点、主题提炼、传播诉求、参与动线、粉丝承接几个维度。如下图所示。

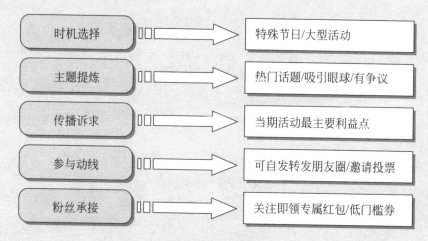

海报设计注意要点

（3）口令任务。这个方式能够有效打通店铺会员中心和店铺公众号，能够实现双向互动。如下图所示。

良品铺子公众号截图

3. 留存

获取粉丝之后,接下来要做的就是留存。设置几个独特的功能,让你的粉丝觉得不能离开你这个平台。这个可以借用粉丝维护工具,比如艾客系统进行管理,也可在菜单栏中设置绑卡有礼和免费兑换等子菜单,让粉丝觉得在你的公众号里能够获得某种利益或是某些重要信息,他们才愿意继续停留。如下图所示。

良品铺子公众号截图

4. 促活

促活,也即提升粉丝活跃度,这对很多运营人员来说都是个任重而道远的任务。如何才能让你的粉丝融入公众号呢?首先你得有频次的内容发送,其次内容还必须很精彩,让他们觉得有所期待或是有所收获。比如新品的推广、店铺活动、留言互动、会员日活动,运营可提前策划内容,细化每周的发送任务。

对于图文的要求,应该有以下几个特征:趋利性、追热点、抢焦点、有话题、好排版,这样才能提高文章打开率,所以选题和写内容时,要结合热点,预留互动的探讨话题。

此外,互动送礼、投票活动也都是很好的促活方式。利用一个话题,让粉丝留言,当其他粉丝进入看到这么多留言的时候,莫名地也会加入,这些留言内容无形之中也为品牌作了宣传。如下页图所示。

良品铺子公众号截图

最后,"签到有礼""我的订单"在菜单栏的透出,也能在一定程度上增强和粉丝的黏性。良品铺子每日签到就能获取成长值,累积到一定的成长值就能兑换商品,用户有利可图,时间充裕的话还是乐于行动的。如下图所示。

良品铺子公众号截图

5.转化

当你的公众号前期运营良好,在粉丝精准度很高的前提下,转化则是自然发展的事情了。比如,双十一即将来临,商家可在公众号发送一些专属优惠券及活动信息的通知,将福利和优惠时间告知公众号的粉丝们,让他们及时看见活动和新品上新。如果用户很精准,优惠不错的话,转化是会不错的。如下图所示。

良品铺子公众号截图

五、电子邮件营销

电子邮件是商家与客户进行交流的重要媒介,利用邮件,商家可直接、快速地对客户进行精准营销,特别是跨境电商的商家,或多或少都会利用这个营销工具。

1.电子邮件营销的因素

电子邮件营销EDM,即Email Direct Marketing的缩写,是在用户事先许可的前提下,通过电子邮件的方式向目标用户传递价值信息的一种网络营销手段。Email营销有三个基本因素,如图6-11所示。

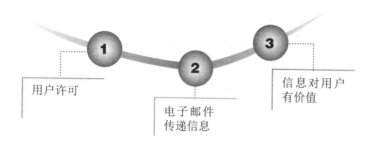

图6-11 电子邮件营销的因素

2.电子邮件营销的特点

电子邮件营销是利用电子邮件与受众客户进行商业交流的一种直销方式,具有图6-12所示的特点。

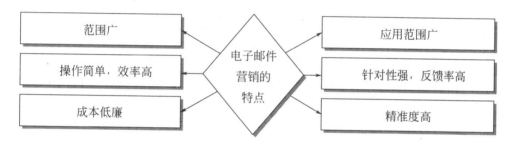

图6-12 电子邮件营销的特点

3.电子邮件营销成功的要素

虽然电商用EDM营销现象普遍,但是不同商家运用的方式、推广的手法不同,所取得的效果也不一样。要想成功地进行电子邮件营销,需掌握图6-13所示的要素。

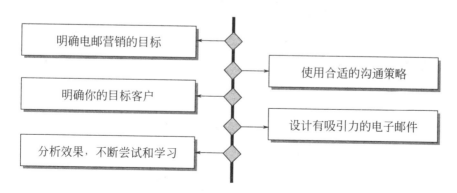

图6-13 电子邮件营销成功的要素

4.电子邮件营销的技巧

邮件营销形式多样,只要策划得当,转化率要比搜索引擎流量和社交媒体的流量转化率都要高;而且邮件营销成本较低,相对其他推广方式,如搜索引擎优化、社交媒体推广等,使用的时间较短;另外,邮件营销还有利于商家长期与订阅用户保持联系,增加用户黏度,提高用户忠诚度。那么,要如何才能做好邮件营销呢?掌握图6-14所示的技巧即可。

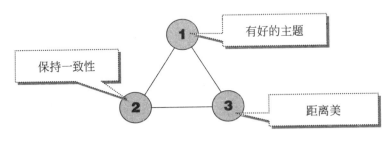

图6-14　电子邮件营销的技巧

(1) 有好的主题。想要有好的邮件推广效果,首先要有好的主题。只有主题吸引人,才有可能吸引用户的目光。好的邮件主题应该意简言赅,并且具有一定的趣味性,能够抓住用户的眼球,让用户觉得新奇或者喜欢才行。

> 好的主题是成功的一半,能够吸引用户的眼球,才能让用户有更大的概率关注内容。

(2) 保持一致性。我们发送邮件时,有可能被邮件系统认为是垃圾邮件,并进行处理。所以为了避免类似情况的发生,邮件的来源和回复账号最好保持一致。并且在邮件的正文尽量避免不必要的套近乎的废话,虽然说套近乎能拉近与用户的距离,但是技巧过多的话不仅用户不待见,邮件过滤器也会不待见,会认为邮件有敏感内容而处理。

此外,我们在邮件的编辑时也要注意广告图文的比例,不要配图过多,以免被认为是垃圾邮件。最好有文字有图片,交相辉映。

(3) 距离美。距离产生美,这话用在邮件营销上面也是同样的道理。我们要让邮件的发送保持在一定的频率内,不能过多也不能太少。邮件发送太频繁,会让用户感到厌恶,频率太少,可能达不到推广的效果。所以我们要合理分配时间,让订阅用户保持一种期待范围。

为了防止用户对邮件的混淆，在邮件上可以标注一个特别信息，最好能让用户一眼就能看出是谁的品牌，这样不仅能够让用户记住你，还能打造品牌效应。在邮件中，不要介绍太多的内容，用户记不住，最好发一条链接地址，这样用户感兴趣的话就会主动访问。

六、利用短视频平台引流

最近短视频正逐渐成为带动店铺转化的重要手段，而以抖音的强势爆红成为精准营销的新入口，如果说直播+电商营销是直播平台变现的另辟蹊径，那么抖音创新性的挑战赛玩法、平台导流营销则给整个短视频和电商行业指明了一个方向，形成一个电商营销的闭环。如图6-15所示。

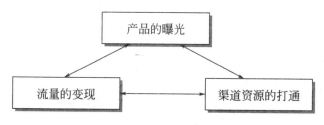

图6-15　电商+抖音内容营销的闭环

相关数据显示，抖音的日活跃用户数达到2.5亿，月活跃用户数达到了5亿，而这个数据差不多是淘宝的10倍，仅次于微信。而且，随着WIFI的全面覆盖，以及5G时代的到来，视频较文字、图片等传播媒介的竞争优势愈发凸显，其15秒的内容压缩、直观的视觉体验，更迎合当下年轻人的碎片化阅读喜好。

1. 抖音的内容形态

抖音上爆红的内容形态有图6-16所示的几种。

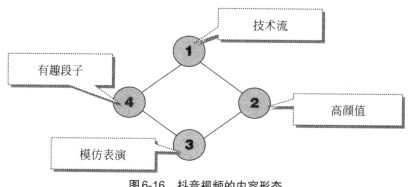

图6-16　抖音视频的内容形态

（1）技术流。众所周知，抖音主打的是15秒的短视频，所以对于视频的拍摄质量要求相对不会太高，而创意则成为了吸引用户点赞关注的关键。技术对于客户来说是一种看不到、摸不着的东西，那些创意表现力好，且能够通过技术和才艺为创意加分的账号，自然是品牌试水抖音投放的首选。

比如饰品类、美妆类商家可通过抖音变妆视频曝光产品、食品类商家可以通过展示食品的制作过程、趣味吃法来表现。

（2）高颜值。萌宠成精、网红达人与明星、撩小宠物的内容容易被用户接受并形成一个大的流量池。

（3）模仿表演。快节奏、灵动的舞蹈成为用户模仿的首选，通过原创的音乐、翻唱歌曲配合创意的情节、影视剧的经典桥段也吸引一大波的用户参与创作。

（4）有趣段子。情感励志鸡汤、反常识、新奇特等话题内容能带动用户高度模仿和再创作。

2.适合在抖音上销售的产品

理论上电商平台上的商品都可以在抖音上销售。

比如，小猪佩奇手表、妖娆花、情侣手表、刷鞋海绵、手机壳、喷钱手枪等多款淘宝、天猫的产品被抖音带得销量暴增。

但注意的是，抖音用户群以一二线城市的"90后""95后"为主，女性居多，偏好潮流酷炫的内容，所以跟衣食住行、吃喝玩乐紧密相关的偏年轻化的产品更适合。

比如餐饮等轻决策的产品、生活办公实用的智能硬件产品、用法神奇好玩的小商品。达人可以选择小配饰、潮流服饰、包包、数码产品之类的东西去卖，这类产品据测试销量最好。

> **一点通**
>
> 抖音内容审核规范里注明一些禁止行业，彩票资讯以及其他彩票相关业务、社区社交、相亲类产品、生活美容护肤机构、保健品、新闻资讯类产品都被抖音视为禁止行业范围。

3.利用抖音带货的技巧

基于抖音的自有"草根"与"带感"属性，商家如何以内容利用抖音红利带货呢？可参考图6-17所示的四个技巧。

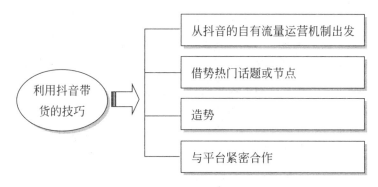

图6-17　利用抖音带货的技巧

（1）从抖音的自有流量运营机制出发。我们看任何一个新的"流量中心"，都要以平台运营机制出发，了解平台的内容运行和流量转换逻辑。抖音视频的观看入口有两个：推荐和附近。一般来说是先由附近的用户看到，据这部分用户的点赞率、播放时长、评论的数据等纬度，平台对该视频进行评分，会给更多类似的用户去推荐，平台的推荐是分批次进行的，第一轮推荐会在小范围内进行测试，如果各项数据都非常好，系统就会持续加大推荐，反之，则会停止推荐。

一般来说，短视频的点赞、评论越多，播放时间越长，用户没看完就关闭的比例越低，能获得的推荐量就会越大。达到了上面的几个条件，系统就会认为你是一个优质的视频，给予大量推荐。

（2）借势热门话题或节点。基于用户对"新奇特"的原生态内容的需求，热门的热词、游戏、节点都有成为下个爆红视频的可能，有话题就有流量。抖音在APP内设置各种挑战和活动，激发用户来完成任务，传播视频。

比如，在"520表白日"，抖音小助手率先发起#520是谁在表白#的挑战赛，引起了32.7万人进行参与，活动期间引来了大量的流量曝光，对于此类"情侣服饰、首饰、口红、牙膏"等产品或商家就可在视频中润物细无声地露出产品，其中方太电商也蹭了一波热点，对产品与节点进行结合，并放出利益点，为产品带来了曝光的小高峰。

（3）造势（制造话题创建挑战赛、网络红人/达人制作内容）。对于部分商家来说，新品上新或大促需要一个平台进行曝光，在预算有限的情况下想要尝试新的渠道曝光方式，邀请抖音达人或网络红人制作内容进行传播也是一个不错的渠道，由于"网红"自带流量体质，会给产品带来一定的曝光度。

比如凭借抖音零成本病毒式传播的海底捞火锅，通过对抖音红人创新式的"海底捞吃法"进行快速反应，形成与客户的良好互动，海底捞就红了。关键点是，客户在消费的过程中参与了食品的个性化组合搭配。

（4）与平台紧密合作。抖音对部分百万级粉丝的达人开放了自有店铺功能，在抖音达人的主页新增加了"TA的推广商品"入口。用户通过这个入口，可以直接进入达人的抖音自有店铺页面，查看达人推广的商品并跳转到淘宝的页面。这是抖音与淘宝在加紧变现渠道布局，因此商家需要紧跟平台步伐，提前规划短视频的内容，为渠道的打通做蓄水准备。

在一个新的内容渠道风口下，我们要做的不是急于将产品的主图视频或产品图片编辑的视频直接投放到渠道中，而是先要摸清平台的流量机制、内容表现形式和用户的画像如何，再进行创意内容创作。在初始阶段运营人员可以先进行内容的测试，评估内容的可行性与用户的参与性，切勿集中在单一渠道爆发。

4.抖音卖货视频的拍摄方法

（1）直接展示产品神奇功能。假如你的产品本来就很有创意或者说功能新颖实用，就可以直接用抖音展示产品的神技能，很容易引起围观。

（2）夸张放大产品优势。放大夸张呈现产品功能，便于受众记忆。

比如汽水打开后，水汽直接把人冲上了天，搞笑夸张放大了波子汽水的特点。

（3）围绕产品策划段子，即围绕产品功能和特点来做策划内容。围绕产品亮点或者周边进行创意策划，可以是产品功能、使用方法、生产过程、包装过程，甚至说产品相关，也可以与各种段子创意进行结合。

比如与开脑洞的创意段子结合，用零食奶萨苏、落花酥和南枣核桃糕模仿俄罗斯方块的游戏；以西餐的高级吃法吃卫龙辣条。对常见的零食进行重新演绎，形式新颖，意在"平凡的生活也可以玩出新意"，做了一波成功的营销。

> 仅仅有趣还不能有效卖货，产品必须要与用户的生活发生联系，比如能吃、能喝还是能玩？与生活发生联系才能很好地转化。

（4）分享产品的使用小技巧、干货。抖音上知识技巧类视频由于时间短、内容全部为知识干货、讲解清晰明了，因此一直能引起大量的转发与收藏。

比如，网易严选有一条视频是利用珐琅锅教大家炖鸡，炖出来的鸡汤在慢镜头下让人口水直流，这条视频达到3.8万点赞量，视频下有很多对这款锅功能的讨论。

（5）场景植入。就是在视频中的场景进行恰当的品牌露出，让用户记住产品。

比如，一个生活小窍门或某个搞笑片段，在场景中悄悄做了植入——如桌角放产品、背后有品牌logo、背景有广告声音等，这样依然能起到很好的宣传效果。

（6）用视频做口碑营销。如果有自己的线下店面，可以用抖音拍视频做口碑营销。

比如，火遍抖音的"答案奶茶"在视频中晒出店门口的火爆场面，很好地呈现口碑。

我们也可以在抖音让用户现场展示产品使用体验、展示客户的排队、客户的笑脸、与客户合作的尬舞、被客户打爆的预约电话等。

> **相关链接**　　6·18电商促销，短视频"抢戏"
>
> 相关数据显示，短视频平台在6·18电商促销活动中带货作用明显，多个电商平台也纷纷加强与短视频合作的力度。
>
> **1. 短视频成电商促销利器**
>
> 2019年6·18期间，淘宝、天猫以及拼多多都纷纷通过合作接入了抖音、快手等短视频平台，其合作方式明显较往年紧密，且效果明显。
>
> 淘宝在6·18发布了"卖货王争霸赛"快手达人榜，其排名第二的快手用户"娃娃"是某脆枣店铺三大"带货达人"之一。淘宝活动项目提供数据显示，在6月17日1小时内，河北阜平脆枣下单量超过5万单，销售额超113万元。6·18期间，该脆枣店铺流量较平日激增上千倍，备货的库存全部出清，包括"娃娃"在内的三位主力"大V"完成了相关任务。
>
> 京东方面则和快手、抖音和新浪微博达成合作，用户观看短视频时，可以通过不同的技术手段（页面跳转、小程序等）完成购买。京东购物圈内容库规模过亿，覆盖店铺数超10万家；京东店铺买家秀正式亮相，首批合作近5000家知名品牌；吸引超过1万个内容生产用户投稿，精选内容环比增长202%，内容阅读量环比增长100%。
>
> 京东、拼多多、淘宝天猫作为竞争对手，却又同时选择和快手、抖音合作，证明短视频逐渐成为电商营销的必争之地。
>
> **2. 庞大用户群提供商业探索支撑**
>
> 短视频"抢戏"6·18可谓内外因作用所致。2019年6·18期间，短视频平台成为电商平台眼中的"香饽饽"，与短视频发展成熟有关，同时也与消

费者需求密不可分。据相关数据显示，截至2019年上半年，中国两大短视频平台抖音和快手日活用户（DAU）超2亿，庞大的用户人群能让平台进行多元化商业探索。

当互联网普及率达到70%，消费者已不再满足于目录式、搜索和分类式的购买方式，甚至不满足单一的图文信息了，他们希望有更丰富的娱乐方式和互动性更强的购买方式，短视频正好能满足消费者的这种需求。

自2018年年末开始，电商和短视频平台的合作已经逐步紧密。到了2019年6·18，双方的宣传推广方式可谓五花八门：商家和红人可以通过短视频、店铺以及小程序来向电商引流；红人还可以接入精选联盟、好物榜，并配合"挑战"推广视频等。

如今短视频平台积极为商家引流，不需商家自建电商，就可以借助平台流量获得相应收益，商家还有类似淘宝的直通车、钻展等广告位可以购买，即信息流广告、开屏、热搜等，有助平台销售。

七、活动促销

最有利的营销就是促销，最典型的是举办一场活动。常见的促销活动有以下几种。

1. 打折

打折，也称折扣，即商品购销中的让利。是指经营者在销售商品时，以明示并如实入账的方式给予对方的价格优惠，包括支付价款时对价款总额按一定比例即时予以扣除和支付价款总额后再按一定比例予以退还两种形式。打折的优缺点如表6-1所示。

表6-1 打折的优缺点

事项	具体说明
优点	（1）快狠准，短期内刺激消费，拉动销售增加购买量 （2）相比竞品处于主动的竞争地位
缺点	（1）利润下降 （2）价格一旦下降很难恢复到之前水平，影响接下来官方流活动报名 （3）品牌忠诚度下降 （4）恶性价格竞争

续表

事项	具体说明
使用要点	为了避免产品没有利润，最好一开始就把商品的价格设置为3个挡位：原价、活动价、大促价。其中原价为日销价；活动价用于报名A/B/C/D级，如一般官方活动坑位和周期性店铺促销（如元旦、教师节等）；大促价用于报名S级促销活动（双十一，双十二）

2.秒杀

秒杀与打折相比，力度更大（往往都是10元内秒杀/半价五折秒杀），商家可以设置活动时间、秒杀价格、是否限量限地区、包邮与否等。秒杀的优缺点如表6-2所示。

表6-2　秒杀的优缺点

事项	具体说明
优点	便于引流，增加店铺关注、收藏度，一定程度上增加销售额
缺点	引来的粉丝大多数情况下是垃圾粉（价格灵敏度为100%），利润下降甚至损失
使用要点	（1）对活动成本的测算一定要把控好，要清楚秒杀活动可以带来多少UV（独立访客），是否值得做秒杀 （2）为了秒杀活动更好地进行，最好是做预热提前放出消息，引导客户收藏，加购物车，更适用于日UV较大、转化率较高的店铺产品

3.免单

免单分为限量免单和限时免单。作为推广手段之一，其实是免邮试用的衍生物，它属于免费试用。不同的是，免单是需要先购买，系统自动返款或者下单时直接实拍金额为零。免单的优缺点如表6-3所示。

表6-3　免单的优缺点

事项	具体说明
优点	较大力度刺激消费，关注、加购物车，提高商品自然搜索排名
缺点	平台免单策略的公平性和可监控性，存在信任感问题
使用要点	活动提前放出免单消息，并讲究信用

4. 满减

满减分为领券满减优惠券/系统自动满减，可设置多级多挡。满减的优缺点如表6-4所示。

表6-4 满减的优缺点

事项	具体说明
优点	刺激消费，尤其是领券式满减，可吸引客户二次进店
缺点	利润下降，若说明和操作不到位（比如是否可以叠加使用，客服人员回复不及时），很可能会起到反效果，引起客户的不满
使用要点	（1）需测算好整体活动利润空间 （2）满减具体金额的设置需参考活动期间平均客单价，最好把握在再搭一个单品即可享受到第一挡满减为佳。比如平均客单价为150元，平均热销单品价格为30元，可设置第一挡满减为满180元减10元

5. 满送

满送是指消费满一定金额送实物商品或者虚拟优惠券，可设置多级多挡。满送的优缺点如表6-5所示。

表6-5 满送的优缺点

事项	具体说明
优点	（1）根据实际赠品价值不同程度上起到刺激消费，拉高客单价 （2）创造产品的差异化 （3）增强吸引力
缺点	利润下降，若赠品太差会打击品牌和销售
使用要点	（1）测算整体活动利润空间，重点检查是否与满减策略重合 （2）赠品的选择要求：不要选择次品、劣质品 （3）时间性，如冬季不能赠送只在夏季才能用的物品 （4）若考虑促进二次购买，可以送包邮卡、大额优惠券等刺激再次消费的礼品

6. 满返

返的内容包括：现金、优惠券等。可设置全场商品或指定商品参与，人工操作或系统自动。满返的优缺点如表6-6所示。

表6-6 满返的优缺点

事项	具体说明
优点	（1）对品牌形象影响较小 （2）不引发竞品间的价格竞争 （3）刺激消费
缺点	（1）利润下降 （2）刺激力度有限，不能引发非常强烈的参与积极性
使用要点	（1）测算好整体活动利润空间，重点检查是否与满减、满送策略重合 （2）"返"实现的难易程度，若人工操作增大客服工作量和错误率，需考虑是否值得做

7. 买送/捆绑

变相打折的一种，买送商品又可分为买A送A（送同款）和买A送B（送其他款）。买送/捆绑的优缺点如表6-7所示。

表6-7 买送/捆绑的优缺点

事项	具体说明
优点	变相打折，在刺激消费的情况下不会有直接降价带来的一系列问题
缺点	（1）利润下降 （2）若捆绑产品太差反而会影响售品的评价
使用要点	测算商品利润空间可以支撑哪种类型买送（买A送A还是B），买A送A的实质其实就是打五折，买A送B的折扣根据赠品而定。若包邮，切勿忘记加上运费成本

8. 搭售

搭配销售，分为×件商品组合销售和再加×元换购×商品。搭售的优缺点如表6-8所示。

表6-8 搭售的优缺点

事项	具体说明
优点	（1）套餐式销售，对消费者而言降低了单品叠加的金额形成购买 （2）引流产品与爆款产品组合将流量形成转化 （3）关联销售提高转化率 （4）为其他商品导流

续表

事项	具体说明
缺点	（1）利润下降 （2）若搭配产品没选好，容易带来反效果
使用要点	（1）若商品A是引流款，建议搭售转化率较高的爆款商品B，将流量转化为订单 （2）加×元换购商品的选择尽量选取客单价较低的互补商品，比如购买牛排套餐后，换购产品可以选择刀叉、意面、配汤等互补产品

9. 包邮

包邮对于客户来说是种心理安慰。邮费本身就是自己购买商品以外的费用，支付邮费只会增加自己这次购物的开支，而不会对商品本身的品质有任何影响，所以如果能不支付，必然会省掉一小部分费用。现在对于消费者来说会把包不包邮当成最后下不下单的最终决定因素。包邮的优缺点如表6-9所示。

表6-9 包邮的优缺点

事项	具体说明
优点	包邮策略配合店铺内部的关联销售，降低商品跳失率，拉高客单价
缺点	若因邮费价格而选择太差的快递公司，造成快递时效性差与派送范围不足，会引起过多的中差评，导致评分降低，得不偿失
使用要点	包邮标准的限制价格最好不要超过客单价的150%。比如70%的客单价在70元左右，那包邮的标准最好是在88～98元，而且店铺内也要有相应的18元以上或28元以上的产品与之配合

10. 好评/晒单返利

"返"的内容包括但不限于：实物商品、优惠券、现金。好评/晒单返利的优缺点如表6-10所示。

表6-10 好评/晒单返利的优缺点

事项	具体说明
优点	（1）提高信誉度、店铺评分 （2）提高新客购买转化率 （3）培养用户的购物习惯
缺点	（1）利润下降 （2）若客服对此政策不熟悉反而招来差评 （3）过犹不及，品质不好的产品玩这套反而更招黑
使用要点	（1）需测算整体活动的利润空间 （2）客服需对此策略及突发状况相对熟悉

11. 试用

将商品（一般都是新产品或者试用装）赠送给潜在目标客户，并诱导购买。试用分为付邮试用（申请用户需支付邮费）和免邮试用。试用的优缺点如表6-11所示。

表6-11 试用的优缺点

事项	具体说明
优点	（1）提高产品入市速度 （2）有针对性地选择目标消费群体 （3）形成传播效应，提高品牌知名度、亲和力 （4）增强互动
缺点	（1）成本相对较高 （2）对于同质性强或者个性色彩较弱的产品效果较差
使用要点	（1）建议快消品、化妆品以及高消耗性品可以采取此策略，其他行业产品慎用 （2）若为付邮试用，试用品的价值需高于邮费

12. 抽奖

奖品可为实物或虚拟商品，商家设置抽奖条件、噱头奖品、一般奖品、参与奖品。抽奖的优缺点如表6-12所示。

表6-12 抽奖的优缺点

事项	具体说明
优点	（1）覆盖大范围的目标消费群体，促进消费 （2）吸引新客户尝试购买，老客户再次购买
缺点	（1）刺激效果有限，见多不怪 （2）对品牌提升没什么效果 （3）增加活动工作量
使用要点	（1）奖品的设置分为噱头、一般奖品和参与奖。其中噱头是吸引人眼球的产品，一般奖品金额与个数视活动效果与预算而定，参与奖如其名，为了拉动二次消费而设置的优惠券、抵用券等 （2）对抽奖结果的真实性要有一定的保证，可通过Email、公告等形式向参加者通告活动进度和结果

13. 积分/会员

建立会员制度和积分制度，包括会员专属折扣、积分换购等。积分/会员的优缺点如表6-13所示。

表6-13 积分/会员的优缺点

事项	具体说明
优点	（1）刺激多次消费，增强品牌忠诚度，提高产品的竞争力 （2）运作成本低
缺点	（1）对新客户的吸引力比较差 （2）回报较慢，需要经常性的维护 （3）因为周期长，效果也比较难评估
使用要点	注意整个价格体系的问题，设定会员折扣是否能够与日常折扣叠加使用，积分换购让利计算等

14.团购

团购可设置单人成团或多人成团、成团人数、阶梯价格、时间等参数。单人团折扣有限，而多人团折扣根据人数而定。团购的优缺点如表6-14所示。

表6-14 团购的优缺点

事项	具体说明
优点	强力增粉
缺点	利润下降
使用要点	（1）若是在基于微信的团购上，团购的选品上要格外注重用户体验和复购率，即低价的同时更在乎商品的好坏产生的传播力和二次复购 （2）基于团购平台，成团的价格灵敏度要大于产品的黏性复购率属性

15.预售

预售是指提前付定金，到时候再付尾款。相当于是现在就把商品定下来了，但是货要等统一预告时间发货。预售的优缺点如表6-15所示。

表6-15 预售的优缺点

事项	具体说明
优点	（1）可减轻大促期间当天的压力（比如双11、双12），商家可根据订单量提前备货，避免库存过多，避免多余人工成本、生产成本 （2）增加商品曝光，拉长销售时间战线，增加销售额
缺点	客户下单后的心理一般都希望越早到越好，预售基本上就属于让人等到不耐烦，如产品质量不好，很容易换来一个差评
使用要点	预售价格需低于大促期间价格

16. 众筹

团购是市面已有产品，标准质量，通过团购提供更低廉价格，有用户评论帮助购买决定。众筹最多算预售，不算团购，跟团购区别很大。众筹的优缺点如表6-16所示。

表6-16 众筹的优缺点

事项	具体说明
优点	（1）很好的宣传平台 （2）更容易被媒体和潜在投资人注意到
缺点	（1）不适合初创团队的试错阶段 （2）并不能因为大流量而筹款成功
使用要点	（1）众筹=1个好故事＋1个可能性＋1个预期产品 （2）包装很重要，价格并不是决定性因素

17. 游戏/H5

游戏/H5促销是指让参与者通过做游戏/H5来进行促销。其优缺点如表6-17所示。

表6-17 游戏/H5的优缺点

事项	具体说明
优点	加强参与感，以有针对性的游戏吸引参与，达到促进产品销售的目的。主要是在产品上市前进行产品和市场的预热
缺点	太浮夸或太低端都容易使客户反感
使用要点	（1）整个活动设计和页面设计都需要反复推敲 （2）有逼格、好玩有趣、给消费者限时特价紧迫感等

18. 跨界/联合

两个或者两个以上的品牌或者公司合作开展促销活动，推广产品和服务，以扩大活动的影响力，提升各自的品牌和服务，同时采取利益分享、费用分摊的原则举行的促销活动。包括互相导流、换粉、供应产品等。跨界/联合的优缺点如表6-18所示。

表6-18 跨界/联合的优缺点

事项	具体说明
优点	（1）快速接近目标，降低相应的促销成本 （2）有针对性地选择目标消费群体，形成产品互补
缺点	协调问题速度较慢，各自产品的优势得不到集中展示，产品优点容易造成模糊的印象
使用要点	（1）需找到对等关系的商家进行合作。若一方处于优势一方处于劣势，合作往往是弱关系 （2）合作伙伴的选择可以找寻互补商品，提高需求为佳

第7章

流量转化

阅读提示：

转化率是所有电商业务的核心。转化率意味着流量最终转化为订单，意味着商家的创收盈利。

关键词：

⇨ 影响转化率的因素

⇨ 转化率低的原因

⇨ 提升转化率的技巧

一、影响转化率的因素

转化率是指在一个统计周期内，完成转化行为的次数占推广信息总点击次数的比率。转化率越高，说明店铺元素的吸引力越高。所以对于运营人员来说转化率是最核心的数据，提升转化率也是永恒的话题。而影响转化率的因素一般有以下四种。

1.产品

如今国内各大电商平台竞争激烈，有的店铺生意红火，有的却半路夭折，而和产品有关的可视化的数据有图7-1所示的四种。

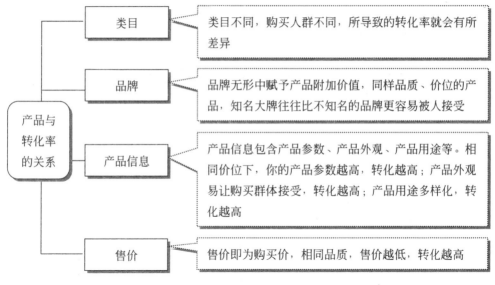

图7-1 产品与转化率的关系

2.市场

对于运营人员来说，他们面对的是不限地域、不限人群的电商平台，这样来看市场很大；同时你的产品服务对象不会是所有的消费者，必然有一定的局限性，这样来看市场也很小。因此，运营人员首先需要了解消费者的特征，制定出专属的产品，其次还要再分析竞争对手，取长补短。

3.详情页

产品的详情页提供了产品具体且详细的信息，也是很容易使客户产生兴趣并作出购买决策的重要页面。

首页的主图要对不同需求的客户进行区分对待，这不单是产品标签也是对客户的心理暗示；产品的详情要结合产品本身、店铺的定位以及外部市场环境等介绍，想要提升转化就一定要为用户提供优质的内容。

4.其他

除了上述的几个主要因素外，还有着各式各样的细节影响着你的成交转化，具体如下。

（1）季节。每一个产品都存在淡旺季，比如暖宝宝冬季是旺季，转化会高，夏季是淡季，转化相对较低。

（2）时间。时间不同也会影响客户的下单决心，公认转化较高的一般是9～10点、14～15点、20～22点。

（3）客服。客服的沟通技巧以及专业知识储备的多少往往对咨询下单的购买者起着非常大的影响，好的客服与坏的客服他们的咨询转化率可能差几倍之多。

当店铺出现了低转化率时，要找到原因所在才能对症下药，而且还要找到目标市场，优化细节，才能有效地提升店铺的转化率。

二、转化率低的原因

在经营店铺的过程当中，商家总是少不了思考如何去引流优化以及运营。这是为了成就一个终极目标，那就是销量。而影响销量的很大一个因素就是店铺的转化率。一般来说，造成店铺转化率特别低的原因有图7-2所示的几种。

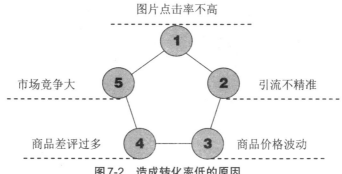

图7-2 造成转化率低的原因

1.图片点击率不高

商品图片不够直观没有吸引力,连点开看一眼的兴趣都没有,你拿什么让客户喜欢你的商品?文案不够有冲击力,一个优秀的文案也能给产品提高不少点击率。一个店铺想要受到客户青睐,美工功底、商品图片、细节都要能抓住客户的眼球。

图片要重点突出商品。作为推广图,商家的最终目的是把商品推销出去,所以在推广图中,一定要包含这个商品,并且能重点突出商品特质。要专业、美观、简单明了,要有一定的吸引力,让客户对你家商品有一个直观的认知,明确知道这就是他想要的东西。这就要求运营人员做到以下两点。

第一,对比多家店铺的图片作为参考,同时要做到精益求精,最好超过同类目商品的图片。

第二,你的图片重点突出商品和主题,吸引客户关注,引起客户对商品的兴趣,引起客户购买欲望,从而形成点击。

总的来说,高点击率的图片都有图7-3所示的几个特点。

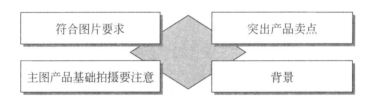

图7-3 高点击率图片的特点

(1)符合图片要求。首先,主图图片要以正方形呈现,不可出现其他类型尺寸。图片应高宽一致,这样在展示时就不会变形。其次,图片大小不能超过500KB,可将图片设置成800×800px,这样图片的画质更清晰,同时也拥有了放大镜的功能,客户可以通过放大镜功能,看到产品的细节,如图7-4所示。最后,logo应统一放置在主图上的同一位置。

图7-4 主图放大镜功能

（2）主图产品基础拍摄要注意。在拍摄主图时，要注意画面的构图，以及产品的摆放位置。具体的构图方法可分为三角形构图法、九宫格构图法、中央构图法、对角线构图法等。

确立好构图之后，可以说主图的基础就打好了。一个好的构图可以让你的产品产生舒适感和美感，每种构图方法同时又有不同的视觉感受。

还有些主图是通过后期的抠图制作而成的，这类主图就需要我们拍摄白底图片了，白底图片的拍摄其实相比较有背景的图片拍摄而言要简单一些，不需要严格的场景和构图要求，只需要足够的光线。有条件的商家可以自己购置一套产品摄影棚。

（3）突出产品卖点。拥有了好质量的产品图片后，就开始制作主图了，制作之前运营人员一定要明确两点，一是产品定位，二是客户性格分析。只要知道买你的产品的是哪些人，你才能做出他喜欢的主图。

一张高点击率的主图，一定不只是因为它本身拍摄得很好看，而是因为这张图体现了卖点，文字可以很好地表达我们的卖点，在创意图的设计中，文案往往具有举足轻重的作用。主图中好的文案是图片的点睛之笔，一方面可以清晰地体现出产品的主要特点，另一方面也可以打造自己的特色，让客户一看见就有点击的欲望。

如图7-5中的电竞耳机，就是通过抠图制作的方式进行设计的主图。将耳机产品图片抠出，分析好目标人群，配以文字。通过图片背景和文字我们不难看出，这款耳机的目标人群是年轻的游戏爱好者，同时文案写到"我能听见脚步声"，很好地解决了游戏爱好者对于耳机清晰度不高的这一痛点。熟悉的场景加上贴心的文案，会第一时间吸引到游戏爱好者的眼球，从而达到提高点击率的效果。

图7-5　淘宝电竞耳机截图

（4）背景。在背景上，主图背景要符合产品的卖点与痛点，同时颜色选择要和目标人群的喜好相符。如图7-5一样，游戏电竞耳机背景就配以游戏场景，整体颜色风格以酷炫为主，符合年轻目标群体的喜好。

用合理的背景烘托整体主图的气氛，会使得主图更有画面感和代入感，让人觉得真实贴心。

2.引流不精准

有流量进入店铺后,如果进入的流量和店铺人群标签是匹配的,属于精准人群,转化率自然不会低。但如果我们引进的流量不精准,产品无法和流量契合,转化率就会较低。

那怎么看流量是否精准呢?这里首先要看标题是否与产品属性匹配,主图是否与标题匹配,然后再看今日人群与过去30天人群是否统一。一般活动结束后的一个星期左右,转化都会下滑,因为活动人群会影响店铺人群标签。

3.商品价格波动

一款商品在做活动的时候,前期会相应降低商品的价格,通过低价实现动销引流。后期为了实现盈利,一般会选择提价,也就是涨价。那么大部分情况下,提价后的转化率都会出现下滑,流量也同样会下滑。因为之前的低价人群对之前的低价比较接受,那么涨价过后,人群变了,流量少了,转化也就下滑了。

4.商品差评过多

一般情况下,如果评价的顶部有差评的话,那么对转化的影响是非常大的。这时候运营人员就要了解差评的具体原因,如果是产品本身的问题,就要及时改正。如果是服务问题,可以和客户多协商。

5.市场竞争大

很多时候,上面种种分析完以后,还是找不到转化下滑的原因,那么这时候运营人员可以去看看是不是有同行在做活动,此时他会吸收当天的很大一波流量,因为他的产品参加活动,价格更低,那么很多客户会去他家转化。

三、提升转化率的技巧

运营人员可以参考图7-6所示的技巧来提升店铺的转化率。

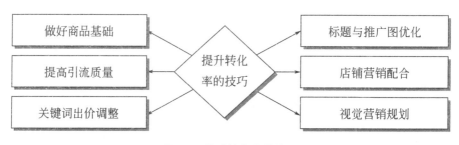

图7-6 提升转化率的技巧

1.做好商品基础

所谓经济基础决定上层建筑,做电商也一样,商品的基础会影响商品的后期转化率,这样一来就跟店铺整体营业额息息相关。要赢在起跑线,让商品开始就处于领先优势。

(1)重视客户评价。评价是来自客户的发声,我们传达给客户的更多是王婆卖瓜自卖自夸,并不能让客户百分百信服,如果有来自客户的赞同,客户会信任倍增。要知道,大多客户都会在意客户的评价,一旦看到很多客户的中差评,本来要下单的客户也会望而却步。

运营人员应多从客户真实的评论里找出自身产品真正的问题,并做出改善,让客户更加信服。

比如,一些中差评并没有阐述产品自身问题,而是由于快递等其他因素造成的差评,我们可以回复客户感谢对产品的认同,快递方面会督促或者更换,以更好地服务客户,这样的中差评反而会促进客户下单。商家要懂得变通,把握好评价。如图7-7所示。

没遇到胶溢出来的情况,感觉很开心。小号的耳塞还是有点大,项圈真的巨大,贴着皮肤的部分很舒服,很轻几乎感觉不到。再说降噪,第一款降噪耳机,还是很满意的,基本就是通勤加上去医院等比较吵的地方用,感觉足够了。不放歌,开降噪很低的时候有沙沙的声音,开了音乐之后几乎听不到了。总体很满意的耳机,不太会用这个耳机打电话,接起来的时候莫名耳机就不好用了,还要摸索一下。

06.20

解释:您好,关于您反馈的情况,正常通话使用,在手机设置内选择耳机为接听方式即可,之后来电点击耳机多功能按键就可以通话使用了,后续使用中有任何问题,欢迎联系在线客服为您解答。

图 7-7 商品评价截图

(2)突出价格优势。任何类目的产品价格都会有上中下等之分,价格战不是长久之计,不同价格区段产品面对的消费群体显然也不同。一些低廉产品,客户肯定看重的是价格谁家便宜,中等消费人群则更看重产品性价比,高等消费人群更看重的则是品牌实力。给自己的产品定好位,在同等级产品中要做到有价格优势,或者有一些附属价值,比如实用的小赠品,或者店铺优惠券等。

(3)打好销量基础。销量是客户下单前肯定要对比的因素,不能说没有不看销量的客户,但是少之又少,我们要抓的是大部分客户,所以还要考虑大部分客户的购物心理。即使图片做得再好，引流做得再精准，结果却因为没有销量基础而导致了转化低下。因为很少有人会愿意买零销量和零评价的产品，所以要尽量在安全和少亏本的基础上，做到尽量多的基础销量和带图评价，这对于流量的转化来说是非常重要的。

2.提高引流质量

对电商来说，流量越精准转化率越高。这就要求我们一定要在关键词加词前先进行筛选，并且有计划地进行删减。关键词投放的计划最好都分开，把主推的和后推的都分开，如果是精准长尾词，可以单开一个计划进行培养。不同的投放平台也最好分开，一定要保持清晰的条理，合理安排投放计划。可根据计划中关键词的不同数据反馈分类进行调整，具体如表7-1所示。

表7-1　关键词的调整

序号	关键词分类	调整措施
1	低转化大流量词	这类词是耗能大户，只花费不产出，这时候要降低关键词出价，以合理的成本获取流量。如果长期依旧没有转化则要删除这类词，减少不必要的花费，提高计划整体转化率。也可以适当作些流量转移，比如详情关联推荐，用其他产品来消化部分流量，提高流量价值
2	有转化的中等流量词	这部分关键词转化虽然不高，但是会有定期成交，引流中等，属于不上不下的一类词。先给予这部分词更多展现机会，适当提高出价，引更多流量看转化情况，有提升则表示这类词有机会成为优质流量词，继续保持出价；如果转化下降则停止出价，退回原来位置，看后期ROI情况调整
3	高转化流量词	这类词需要重点监控，对计划提升最有帮助的一类词，引流能力强并且转化可以达到类目平均水平以上。一定要保持住排名，稳定引流，如果优质位置，比如移动首条、PC搜索左侧位置、PPC（点击付费广告）在接受范围内，可以去抢优质位置，转化率数据如果下降则要退下来，以稳住转化为中心
4	具备潜力的转化词	这类词主要是有收藏和加购行为，但是还没有转化的关键词，作为潜力股，不适合过高花费，保持中等引流位置，注意给予转化引导，比如加购收藏送优惠券等，看后期是否转化有提升，如果转化率提高则可以适当提高出价，获取更多展现机会
5	竞争激励的引流词	这部分词由于竞争大，可能PPC会比较高，导致推广成本的增加，这时候要对关键词进行分析，相关性高的优质精准词，先去培养质量得分，把质量分培养起来在竞争中才能占优势，就不会导致点击单价过高。适当降低引流成本，根据转化率和ROI情况做出调整

3.关键词出价调整

关键词出价直接影响排名,不同排名获取展现的机会截然不同,但并不代表位置越靠前转化就会越高,每个关键词都会有更合适的位置,衡量位置的标尺最终还是转化率,要保持关键词在转化最好的位置。

关键词投放初期要获取足够展现,所以出价要高于市场平均价格,能够获取展现则接下来根据数据调整,获取展现过少则要继续提高出价,如果出价超出心理预期还是展现少则放弃该关键词。

(1)根据流量修改出价。前期投放关键词首先需要获取流量,对于没有展现和展现量过少的关键词可以统一提高出价,试着提价5%继续观察引流能力;如果是精准长尾词可以大胆出价,争取首页位置获取足够流量,热词则要用保守出价法,根据反馈数据慢慢提高出价。

(2)根据转化修改出价。推广中期则要重点提升转化率,把计划中转化率高的关键词提升排名,争取优质展位,尤其是大流量引流词一定要注意监测;转化中等关键词可以观察前后车位产品情况,看自己产品是否占有优势,试着提高或者降低排名,测试在不同位置的成交变化,找到合适位置;转化率较低关键词,降低出价控制花费。

(3)减少无用花费,全面提高转化。产品进入推广末期,则要尽量砍掉无用花费,从投放时间、地域、人群上都要精简流量,转化较低的不要投放;把关键词按照花费进行排序,根据展现量、点击率、转化率、ROI等多项数据设置指标,把关键词进行降低处理,投放精力放在更多精准关键词上,无用的关键词删除。

在调价时要兼顾质量分、点击、转化和ROI,不同时期有不同侧重点,前期重点引流,后期重点成交,对于数据反馈好的关键词要提高出价,反之转化和点击都不理想的关键词则要降价。

4.标题与推广图优化

(1)标题设置。产品标题关系着自然流量,推广标题会对点击造成影响,优化得好则更有利于计划中关键词的培养,也会间接影响到转化率。一般服饰类有季节差异明显的产品,标题则要根据季节优化调整,如果是一些冷门的小类目,标题则可以适当用一些搜索量较高的关键词,如果是竞争激励的类目还是以精准长尾词作为标题核心关键词。

在标题优化时应注意图7-8所示的事项。

| 事项一 | 关键词不能重复堆砌，标题的每一个字符都不能浪费，充分利用每一个位置 |

| 事项二 | 尽量少用空格，本身有空格的关键词中心可以插入其他关键词，如果是没有空格的长尾词要保持紧密性原则，这样搜索权重才会更高 |

| 事项三 | 根据推广不同阶段，标题对应做出调整优化，前期以精准长尾词为主导，推广后期则要加入流量热词，加大引流能力 |

图7-8 标题优化时应注意的事项

（2）推广图优化。在搜索结果展示列表中，图片是最先吸引眼球的，客户从众多产品中能否扫中你的产品，就看主图是否有吸引力了。主图是由产品＋背景＋文案组成的，不同风格、不同创意表现形式会对点击率直接造成影响，从而影响引流能力，决定转化成本。好的创意同样的花费能获取更多流量，可以制作多张图片进行测试，通过前期的测试保留点击率高的图片。

推广图制作要点如图7-9所示。

| 要点一 | 可以展现不同颜色的图片，但不是全部颜色都展现，用主推颜色做主图 |

| 要点二 | 产品如果有折扣或者赠品，字体要突出，用促销吸引客户眼球 |

| 要点三 | 多观察同行产品推广图，做出差异化 |

| 要点四 | 主图饱满，色彩清晰，不能拼接，看上去首要自然舒适 |

| 要点五 | 产品卖点突出，对于部分类目产品细节放大，真实地展示产品 |

| 要点六 | 文字不能太多，比例保持均衡，不能喧宾夺主，间接精炼主要利益点 |

图7-9 推广图制作要点

5.店铺营销配合

（1）店铺相关活动。店铺要不定期搞搞活动，有店铺动态更新，不要一年到头都没有变化，让客户提不起兴趣。节假日或者自己店庆、品牌日、会员日等，多种噱头都可以给店铺策划一场活动，让店铺补充活力，多一些生机。

（2）关联营销。关联营销设置可以减少跳失率，增加访问深度，给客户多一个选择，是营销的一种方式。还可以通过关联产品的反馈情况，选出流量获取能力好的产品上车推广。省油宝有间接流量分析，把间接转化较好的产品设置成关联营销，可以提升整体客单价，而且可以通过数据能看出哪些产品具有潜力，这样还省去了单独测款的费用。

（3）维护现有客户。每一个客户都是我们花费成本引进来的，需要把握每一个机会，尽量促使客户下单。在客户咨询购买意向比较明显时，客户犹豫之时，客服给予紧张感"此款销量火爆，下单晚了就没有了哦"，或者给予诱惑"现在下单可以给亲赠送一套小赠品哦"，这也是提升转化最直接有效的办法。

（4）金牌服务。不管是售前还是售后，客服都要有耐心给客户及时解决问题，在客户咨询时给予专业的产品解答，客户有疑虑时站在客户角度给予分析，做到同理心，让客户更能接受。只有享受愉快的服务客户才能达成转化，甚至达成后期的回购，作为店铺的长期忠实客户。

6.视觉营销规划

网络销售客户不能看到实物，只能从图片和文字描述了解产品，想要追求高转化，首先要有个像样的视觉体验。视觉包括店铺装修、产品主图拍摄，还有产品详情描述。店铺首页装修要保持风格一致，注重用户体验，有清晰的产品分类导航，主推产品大图展现，主次分明，有自己的品牌形象。

详情页描述要从开始的引发客户兴趣，到激发客户需求，再让客户从信任到信赖，最后攻心一击给客户下单的理由，达成转化。该了解的必须展示给客户，全面了解产品才有利于转化，信息不仅要全面，还要做出特色，可以从图7-10所示的几方面着手优化详情。

```
┌──────────────┐
│  体现亲切感  │╌╌╌┐
└──────────────┘   ╎
    ┌──────────────────────────────────────────┐
    │ 针对目标群体进行文案解说，亲切贴近目标消费群体，真实 │
    │ 客观地描述产品更能赢得客户青睐，不过度浮夸，从不同角 │
    │ 度真实再现产品；把产品卖点层层递进描述，让客户一步步 │
    │ 了解产品、认可产品                          │
    └──────────────────────────────────────────┘
```

图7-10

对话形式 —— 以对话的形式对产品进行描述,显得更亲近自然,对产品的卖点描述是不是更生动形象?以另一种表现形式让客户更认同详情描述,触动客户消费需求,认可产品,促进成交

自白故事型 —— 把详情描述用一种自我述说的形式,把产品介绍给客户,可以把客户带入情境,更具情感地了解产品

氛围紧张感 —— 有时候营造氛围是很重要的,在客户犹豫之时给予紧张感,促销活动结束立马涨价、大促最后一天、礼品限量赠送等,让客户感觉如果不现在下单购买就会错失机会,促使下单

图7-10 优化详情的措施

第8章

品牌维护

阅读提示：

以品牌为导向，以营销为核心，坚持精准定位传递品牌，是当下品牌电商立足长远发展的基石。

关键词：

⇨ 品牌定位

⇨ 品牌文化创立

⇨ 品牌推广

一、品牌定位

电商想要稳定发展,唯一的出路就是品牌。对于中小商家来说,资金实力不够,必须通过聚焦一个细分的领域实现突围。如果什么都想做,往往什么都做不成,能做成品牌的往往是市场很细分、定位非常精准的产品,比如阿芙的"就是精油",简单但却定位明确。

1.什么是定位

定位就是让品牌在客户的心智阶梯中占据最有利位置,使品牌成为某个类别或某种特性的代表。

比如,当你上网购物时,你第一时间想到淘宝;想到海淘就会想到亚马逊,想买书就会想到当当。

为什么会这样呢?因为这些品牌在你的心智中已经占领某一品类,所以就像"膝跳反射"一样,有这个品类的需求你第一时间会想到它。

对于商家来说,店铺没有清晰的定位就很难产生客户黏性,因为用户对于你没有印象。如果想要稳定发展,就要走差异化路线。

比如,裂帛专注民族风格女装,卫龙做辣条(延伸出很多麻辣口味零食),三只松鼠依靠碧根果打响品牌,小狗电器专注于吸尘器等,这些店铺在定位方面都很成功。

> **一点通**
>
> 在营销界有一个被广泛使用的"四四二法则",也就是说一个项目的成功,40%靠定位,40%靠产品,20%靠营销。在电商经营上也是如此。

2.如何定位

定位能够让我们在竞争中占据更多优势,同时也能够培养用户群,那该如何定位呢?

首先,需要我们找到一个未被其他品牌占据的细分品类,成为该品类第一。划分品类最常见的方式有两种:横向细分人群、纵向细分产品。

(1)横向细分人群。从人群角度细分是指,产品是卖给老人还是孩子,卖给女人还是男人,富人还是穷人,学生还是白领。

比如,"韩都衣舍"做韩版时尚、"茵曼"做棉麻、"七格格"做时装、"妖精的口袋"做小暧昧、"粉红大布娃娃"定位为精致淑女风。

(2)纵向细分产品。电商也可以纵向从商品的角度来切分。这些品牌可能是不同的客户在使用,也可以是同一个客户同时购买多个功能型产品来使用。

比如"三只松鼠"依靠碧根果突围,"阿芙"定位在精油,"小狗电器"定位在吸尘器,洗发水有去屑、去油、滋养、修复、柔顺等功能,每一个功能都有领袖品牌。

这是最简单的市场细分方式,根据不同类目的竞争情况,细分的方式也有所不同,有些情况下也需要我们创造出一个新品类。即便你的产品在这些方面都没有特点,你也可以通过创意来建立差异化,比如外观的差异化、包装的差异化,从而建立新品类。

比如,淘宝的"星空糖"就是走的外观创意化路线,它没有宣传自己口味多好,就是通过漂亮的外观来刺激客户的视觉,让客户即便只是为了漂亮也要购买。

其次,也可以通过"差异化选品+个性包装"实现定位。

比如图8-1所示的零食品牌,所有的产品都是从市场采购过来的,它的主要卖点就是产品的外包装,非常有特色,主要面对年轻白领和正在谈恋爱的男生,他们会买来送给自己的女朋友。

图8-1 淘宝产品截图

这种好玩有趣的包装设计会让客户忍不住拍照转发,从而形成病毒传播。

依靠纯"创意"来突围的品牌,做得最成功的就是"江小白"。我们知道"江小白"的成功是因为它的酿酒工艺和口感吗?不是,是因为它具有高"参与感"的文案,和酒好不好喝、产地、历史都没有任何关系。所以,市场永远不会有品牌的饱和期,关键看你有没有创新能力。

3. 定位的误区

运营人员应避免图8-2所示的定位误区。

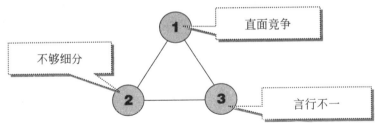

图8-2 定位的误区

（1）直面竞争。品牌定位是客户对你的产品/企业的感性和理性的认知，改变客户的认知是很难的。因此在定位上一定要找到一个未被竞争对手占据的领域，而不是妄图颠覆用户认知。

比如，淘宝现在是C2C第一大网购平台，你说你要做一个比淘宝还要大的C2C，客户不会相信，你这个定位几乎不会成功。

（2）不够细分。有很多人说，我有定位，定位为中高端护肤品，进口植物护肤品，这种定位方式在产品"稀缺时代"行得通，但现在这样的定位范围就显得太大了，往往已经有非常成熟的品牌占据了该品类，你很难和这样的实力品牌正面竞争，所以现在做定位要细分再细分，最好能细化到一个场景。

目前，中高端护肤品已经有雅诗兰黛、兰蔻这样的实力品牌，你再做这个概念就很难成功。我们要做的就是在这个的基础上根据产品特点进一步细分。

比如从功能上，护肤品有保湿、美白、祛痘、香氛（L'OCCITANE 欧舒丹是法国著名天然植物香氛护肤品牌）等；从使用部位来进行细分，有手部护理（半亩花田）、脚部护理（素萃）、身体护理、眼部护理（珍视明）、唇部护理等；按照原材料细分，有玫瑰、薰衣草、芍药、果酸、透明质酸（肌研）等；按照人群细分为宝宝专用（强生）、男士专用（高夫）、孕妇专用（袋鼠妈妈）、老人专用等。

在细分后一定要做到卖点聚焦，比如舒肤佳香皂宣传"除菌"，海飞丝宣传"去屑"等，不要说我这款产品既能保湿，又能美白，还能祛痘，卖点太多就等于没有卖点。

一点通

在定位中一定要宣传单一功能，就是"产品特色"，对于消费者来说，即便你只是宣传一种功能，他们也会认为你的"特色"是建立在综合功能之上的"优点"。

（3）言行不一。定位不是你说自己是什么，而是消费者认为你是什么。定位不是商家简单制定的服务口号或标语，而是消费者的认知。

你说你是品质电商，但实际销售的时候却经常被发现假货，你的定位就是一纸空话，只有当你做到言行一致，才能让消费者以你期望的方式看待你，才能在市场上众多挑选中选择你。

相关链接　　品牌定位的策略

1. 功效定位

消费者购买产品主要是为了获得产品的使用价值，希望产品具有所期望的功能、效果和效益，因而以强调产品的功效为诉求是品牌定位的常见形式。很多产品具有多重功效，定位时向客户传达单一的功效还是多重功效并没有绝对的定论，但由于消费者能记住的信息是有限的，往往只对某一强烈诉求容易产生较深的印象，因此，向消费者承诺一个功效点的单一诉求更能突出品牌的个性，获得成功的定位。

比如，洗发水中飘柔的承诺是"柔顺"，海飞丝是"去头屑"，潘婷是"健康亮泽"；舒肤佳强调"有效去除细菌"；沃尔沃汽车定位于"安全"；新飞欧洲能效A+冰箱诉求"节能"效果。

2. 品质定位

品质定位就是以产品优良的或独特的品质作为诉求内容，如"好品质""天然出品"等，面向那些主要注重产品品质的消费者。适合这种定位的产品往往实用性很强，必须经得起市场考验，才能赢得消费者的信赖。

比如，蒙牛高钙奶宣扬"好钙源自好奶"；创佳彩电强调"专业制造，国际品质"。

企业诉求制造产品的高水准技术和工艺也是品质定位的主要内容，体现出"工欲善其事，必先利其器"的思想。

比如，乐百氏纯净水的"27层净化"让消费者至今记忆深刻；长富牛奶宣传的"全体系高端标准奶源，全程序高端标准工艺，纯品质完成本真口味"给人以不凡的品质印象。

3. 情感定位

该定位是将人类情感中的关怀、牵挂、思念、温暖、怀旧、爱等情感内涵融入品牌，使消费者在购买、使用产品的过程中获得这些情感体验，从而唤起消费者内心深处的认同和共鸣，最终获得对品牌的喜爱和忠诚。

比如，浙江纳爱斯的雕牌洗衣粉，借用社会关注资源，在品牌塑造上大打情感牌，其创造的"下岗片"，就是较成功的情感定位策略，"……妈妈，我能帮您干活啦"的真情流露，引起了消费者内心深处的震颤以及强烈的情感共鸣，自此，纳爱斯雕牌更加深入人心。

4. 企业理念定位

企业理念定位就是企业用自己的具有鲜明特点的经营理念和企业精神作为品牌的定位诉求，体现企业的内在本质。一个企业如果具有正确的企业宗旨、良好的精神面貌和经营哲学，那么，企业采用理念定位策略就容易树立起令公众产生好感的企业形象，籍此提高品牌的价值，光大品牌形象。

比如，"IBM就是服务"是美国IBM公司的一句响彻全球的口号，是IBM公司经营理念的精髓所在；飞利浦的"让我们做得更好"、TCL的"为顾客创造价值"、招商银行的"因您而变"等都是企业理念定位的典型代表。

5. 自我表现定位

该定位通过表现品牌的某种独特形象和内涵，让品牌成为消费者表达个人价值观、审美情趣、自我个性、生活品位、心理期待的一种载体和媒介，使消费者获得一种自我满足和自我陶醉的快乐感觉。

比如，浪莎袜业锲而不舍地宣扬"动人、高雅、时尚"的品牌内涵，给消费者一种表现靓丽、妩媚、前卫的心理满足；夏蒙西服定位于"007的选择"，对渴望勇敢、智慧、酷美和英雄的消费者极具吸引力。

6. 高级群体定位

企业可借助群体的声望、集体概念或模糊数学的手法，打出入会限制严格的俱乐部式的高级团体牌子，强调自己是这一高级群体的一员，从而提高自己的地位形象和声望，赢得消费者的信赖。

比中，利君沙、雕牌、冷酸灵都打出"中国驰名商标"的口号给人深刻的印象；升达地板、双鹿空调强调"国家免检产品"，增强了消费者对公司产品的信赖感。

7. 首席定位

首席定位即强调品牌在同行业或同类中的领导性、专业性地位，如宣称"销量第一"。在现今信息爆炸的社会里，消费者对大多数信息毫无记忆，但对领导性、专业性的品牌印象较为深刻。

比如，百威啤酒宣称是"全世界最大、最有名的美国啤酒"，双汇强调"开创中国肉类品牌"，这些都是首席定位策略的运用。雅戈尔宣称是"衬衫专家"；格兰仕推出柜式空调，宣称是"柜机专家"，致使其他的竞争品牌不能采用相同的定位策略，因而这也都是首席定位策略的表现。

8. 质量/价格定位

即将质量和价格结合起来构筑品牌识别。质量和价格通常是消费者最关注的要素，都希望买到质量好、价格适中或便宜的物品。因而实际中，这种定位往往表现宣传产品的价廉物美和物有所值。

比如，戴尔电脑采用直销模式，降低了成本，并将降低的成本让渡给客户，因而戴尔电脑总是强调"物超所值，实惠之选"；雕牌用"只选对的，不买贵的"暗示雕牌的实惠价格；奥克斯空调告诉消费者"让你付出更少，得到更多"，都是既考虑了质量又考虑了价格的定位策略。

9. 生活情调定位

生活情调定位就是使消费者在使用产品的过程中能体会出一种良好的令人惬意的生活气氛、生活情调、生活滋味和生活感受，而获得一种精神满足。该定位使产品融入消费者的生活中，成为消费者的生活内容，使品牌更加生活化。

比如，青岛纯生啤酒的"鲜活滋味，激活人生"给人以奔放、舒畅和激扬的心情体验，美的空调的"原来生活可以更美的"给人以舒适、惬意的生活感受，赋予品牌在人际交往中获得轻松、惬意的交流氛围，从而达到有效沟通的效果。

10. 类别定位

该定位就是与某些知名而又属司空见惯类型的产品作出明显的区别，或给自己的产品定为与之不同的另类，这种定位也可称为与竞争者划定界线的定位。

比如，娃哈哈出品的"有机绿茶"与一般的绿茶构成显著差异，江苏雪豹日化公司推出的"雪豹fe生物牙膏"与其他的牙膏形成区别，也都是类别定位策略的运用。

11. 档次定位

不同档次的品牌带给消费者不同的心理感受和体验。现实中，常见的是高档次定位策略，高档次的品牌传达了产品高品质的信息，往往通过高价位来体现其价值，并被赋予很强的表现意义和象征意义。

比如劳力士、浪琴和上百万元一块的江诗丹顿能给消费者独特的精神体验和表达"高贵、成就、完美、优雅"的形象与地位；奥迪A4刚上市时，宣称"撼动世界的豪华新定义",显示出产品的尊贵和气派。

12. 文化定位

将文化内涵融入品牌,形成文化上的品牌识别,文化定位能大大提高品牌的品位,使品牌形象更加独具特色。中国文化源远流长,国内企业要予以更多的关注和运用,目前已有不少成功的案例。

比如,金六福酒实现了"酒品牌"与"酒文化"的信息对称,把在中国具有亲和力与广泛群众基础的"福"文化作为品牌内涵,与老百姓的"福文化"心理恰巧平衡与对称,使金六福品牌迅速崛起。

13. 对比定位

对比定位是指通过与竞争对手的客观比较来确定自己的定位,也可称为排挤竞争对手的定位。在该定位中,企业设法改变竞争者在消费者心目中现有形象,找出其缺点或弱点,并用自己的品牌进行对比,从而确立自己的地位。

比如,农夫山泉通过天然水与纯净水的客观比较,确定天然水优于纯净水的事实,宣布停产纯净水,只出品天然水,鲜明地亮出自己的定位,从而树立了专业的健康品牌形象。

14. 概念定位

概念定位就是使产品、品牌在消费者心智中占据一个新的位置,形成一个新的概念,甚至造成一种思维定式,以获得消费者的认同,使其产生购买欲望。该类产品可以是以前存在的,也可以是新产品类。

比如,脑白金就创下了一个概念,容易让消费者形成诱导式购买,人们已经是身不由己地把脑白金和送礼佳品、年轻态健康品等同起来了。

15. 历史定位

即以产品悠久的历史建立品牌识别。消费者都有这样一种惯性思维,对于历史悠久的产品容易产生信任感,一个做产品做了这么多年的企业,其产品品质、服务质量应该是可靠的,而且给人神秘感,让人向往,因而历史定位具有"无言的说服力"。

比如,泸州老窖公司拥有始建于明代万历年间(公元1573年)的老窖池群,所以总是用"您品味的历史,430年,国窖1573"的历史定位来突出品牌传承的历史与文明。

16. 生活理念定位

该定位将品牌形象和生活理念联系在一起,将品牌形象人性化。这样的生活理念必须是简单而深奥的，能引起消费者内心的共鸣和对生活的信心，产生一种振奋人心的感觉，催人上进，甚至成为消费者心中的座右铭，从而给消费者以深刻印象。

比如，劲霸男装的广告很短，但十分精炼，只强调"奋斗，成就男人"，这让男人深感依恋，让男人有一种奋斗的动力，因为男人深感只有努力奋斗，才会有所成就。

17. 比附定位

比附定位就是攀附名牌，以叼名牌之光而使自己的品牌生辉，主要有两种形式。

（1）甘居第二，即明确承认同类中另有最负盛名的品牌，自己只不过是第二而已。这种策略会使人们对公司产生一种谦虚诚恳的印象，相信公司所说是真实可靠的。

如美国阿维斯出租汽车公司强调"我们是老二，我们要进一步努力"，从而赢得了更多忠诚的客户；蒙牛乳业启动市场时，宣称"做内蒙古第二品牌"，"千里草原腾起伊利集团、蒙牛乳业……我们为内蒙古喝彩"。

（2）攀龙附凤。其切入点亦如上述，承认同类中某一领导性品牌，本品牌虽自愧弗如，但在某地区或在某一方面还可与它并驾齐驱、平分秋色，并和该品牌一起宣传。如内蒙古的宁城老窖，宣称是"宁城老窖——塞外茅台"。

18. 情景定位

情景定位是将品牌与一定环境、场合下产品的使用情况联系起来，以唤起消费者在特定的情景下对该品牌的联想，从而产生购买欲望和购买行动。

比如，雀巢咖啡的广告不断提示在工作场合喝咖啡，会让上班族口渴、疲倦时想到雀巢；喜之郎果冻在广告中推荐"工作休闲来一个，游山玩水来一个，朋友聚会来一个，健身娱乐来一个"，让人在这些快乐和喜悦的场合想起喜之郎。

19. 消费群体定位

该定位直接以产品的消费群体为诉求对象，突出产品专为该类消费群体服务，来获得目标消费群的认同。把品牌与消费者结合起来，有利于增进消费者的归属感，使其产生"我自己的品牌"的感觉。

比如金利来定位为"男人的世界"；哈药的护彤定位为"儿童感冒药"；百事可乐定位为"青年一代的可乐"。

二、品牌文化创立

品牌文化其实是一种"文化包装",就是通过给品牌赋予深刻而丰富的文化内涵,建立鲜明的品牌定位,并充分利用各种高效的内外部传播途径使消费者对品牌在精神上高度认同,创造品牌信仰,最后形成强烈的品牌忠诚。品牌文化的塑造是一种更深层次的营销方法,是以文化氛围的方式来提升自己的内涵进而吸引客户的一种手段。

商家商品之间的竞争可以看作一种"硬"实力的比拼,而品牌文化就是一种附加价值,是商品"软"实力的体现。不管商家规模与名气大小,都应该有自己的企业文化,才能通过品牌拥有更多忠诚客户,促进市场稳定与扩大,增加自己的竞争力。

提出企业的品牌文化理念并不难,难的是要让人认同这些理念。对于企业来说,干巴巴的制度、空洞的口号或者粗糙的理论,远远比不上一个生动的品牌文化故事所带给人们的认同感。品牌文化故事是企业理念形成的一个重要因素,而故事的传播和诠释可以更好地呈现和普及企业的文化理念,可以用"理念故事化,故事理念化"来形容品牌文化故事。

1.品牌文化故事的撰写流程

品牌文化故事的撰写流程如图8-3所示。

图8-3 品牌文化故事的撰写流程

(1)收集和整理资料。要想写出生动的品牌文化故事,就必须对品牌本身进行深入的探究和分析,了解品牌的定位是什么、有什么样的文化内涵、要表达什么样的诉求、品牌的消费群体是什么、主要竞争对手有哪些,只有具备深厚的知识储备后,才能写出超越竞争对手的品牌故事。因此,要先做好信息的收集和资料的整理工作。

(2)提炼确定主题。品牌主题就是指目标品牌在品牌主题元素和环境因素的双重约束下,在品牌设计中对该品牌价值、内涵和预期形象做出的象征性约定,来源于品牌历史、品牌资源、品牌个性、品牌价值观和品牌愿景等背景中,包括基本主题和辅助主题,通常透过品牌名称、品牌标志、概念和广告等进行表达传递。

当收集到足够的信息后，就可以从众多的信息中提炼出品牌所要表达的思想，以品牌为核心，通过对品牌的创造、巩固、保护和扩展的故事化讲述，将与品牌相关的时代背景、文化内涵、社会变革或经营理念进行深度展示。

（3）撰写初稿。在通过故事进行品牌介绍的时候，一定要把品牌理念和品牌的内在因素表达出来，让人们可以完整地了解品牌的全部信息。同时还要注意故事情节的表现，故事可以是浪漫的、励志的，也可以是温馨的、感人的，但是要想出一个好的故事，就一定要有起伏的情节和丰富的人物感情，才能带动人们的情绪，给读者留下深刻的印象。

在撰写初稿的过程中，要注意品牌故事和其他文体的不同。故事是灵活的，可以通过多种修辞手法来描述，也可以含蓄阐述。但是一般来说，品牌故事内容不能太多，否则不方便记忆。以记叙为主，通过故事来讲道理。不需要长篇大论地讲述公司的优势，而是对已经发生的企业文化建设过程的反映。

品牌故事有多种写作角度，根据品牌需要呈现出的效果来选择故事写作的角度，可以从公司的角度、客户的角度、产品的角度，不同的角度写出不一样的生动故事，一样可以达到震撼人心的效果。

一般来说，常见的角度有图8-4所示的三种。

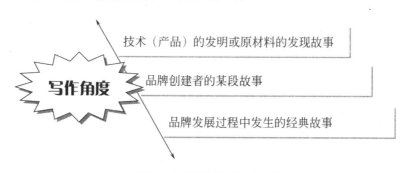

图8-4　品牌故事的写作角度

产品、人、情感是品牌故事中不可缺少的要素，只有将产品和人紧密联系在一起，再融入真挚的情感，才能让故事更饱满，吸引并感动客户，达到传播的效果。

品牌故事需要包含的内容有：人物、时间、地点、事件、原因和结果。必须了解品牌最想让消费者知道什么，这个故事想要向消费者表达的内容是什么，如品牌创建者或领导者的某种精神和品质、产品生产技术先进。一旦确定了故事的主题，就沿着这个主题进行讲述。

（4）修改、优化初稿。品牌故事初稿完成后，要多读，推敲其中的用词，选择适合品牌主题且能够表达产品理念的词语和优美的句子来进行阐述。写作完成后还需要校对，修改其中的错误，确保故事中没有错别字和语法不对等问题。

> **一点通**
>
> 品牌故事还会根据企业的发展而发生变化,要根据企业发展过程中的变化来写作,融入企业新的理念和产品特色。

(5)定稿。完成品牌故事的写作和审查后即可定稿,之后要做的就是等待合适的时机进行品牌故事的传播,直到消费者认同,在众多受众的心目中留下深刻的印象。

2.品牌故事的撰写原则

优秀的品牌文化故事主要是为了向目标受众传递品牌价值,建立彼此之间的情感连接和认同,由此获得受众的信任和支持,想要达到这样的效果,必须写出打动受众、引起他们共鸣的故事,因此在塑造品牌文化的过程中,需要遵循图8-5所示的三个原则。

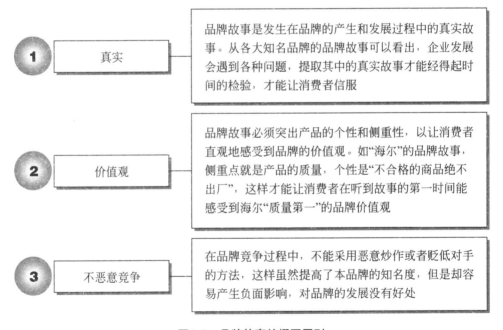

图8-5 品牌故事的撰写原则

3.品牌故事的描写手法

故事是一种说服的艺术,是一种与受众产生情感连接和价值认同的沟通方式。因此,品牌故事的写作要找到与受众共鸣的地方。品牌故事可以采取图8-6

所示的几种常见描写方法。

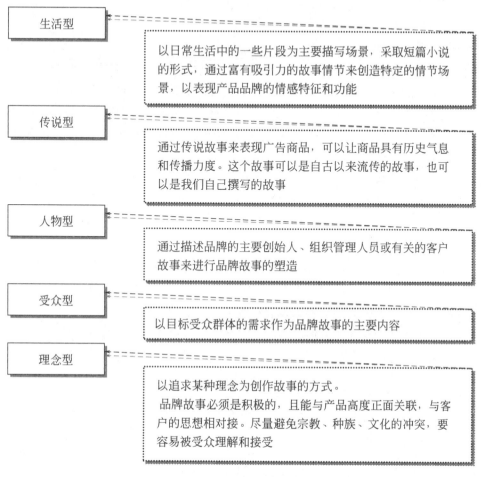

图8-6　品牌故事的描写手法

4.品牌故事的写作技巧

完整的故事结构可以更好地进行故事的叙述，但并不意味着这就是优秀的故事，要写出好的品牌文化故事，还可以运用图8-7所示的写作技巧。

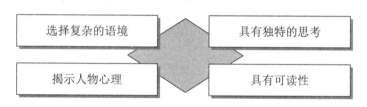

图8-7　品牌故事的写作技巧

（1）选择复杂的语境。在进行品牌文化故事写作的过程中，尽量不要使用单一的语言环境，而是要对故事的发生、发展进行多种可能性的描绘，提高故事的可读性和复杂性。

（2）揭示人物心理。人物的行为都是故事的表面现象，人物的心理则是故事发展的内在依据。对人物的心理进行描写就是对人物内心的思想活动进行描写，以反映人物的内心世界，揭示人物欢乐、悲伤、矛盾、犹豫或希望等情绪，从而更好地进行人物性格的刻画。人物心理描写的方法很多，都是为了表现人物丰富而复杂的思想感情，让故事更加生动形象和真实，能够表达自己的看法和感受，如内心独白、动作暗示、情境烘托、心理概述等。

（3）具有独特的思考。不同的事情可以引发不同的思考，同一件事情不同的人看待的感受也会不同。故事能够带给人们什么样的感受也是决定其质量的一种元素，因此，故事的写作还要从一定的角度出发，充分开拓自己的思路，不要局限于故事的发展和所代表的意义。

（4）具有可读性。可读性是指故事内容吸引人的程度，以及故事所具有的一定的阅读和欣赏价值。特别是现在互联网上的信息非常多，想要让自己的品牌文化故事引起很多人的共鸣，就必须要将故事讲得生动有趣。要将故事变得具有可读性，就必须让故事新颖，情感丰富，描述的语言得体，简单易懂，让读者能够快速明白要表达的内容。

相关链接　　　　　　　　经典品牌故事赏析

1. 东阿阿胶

2007年阿胶是一个边缘化品类，当时最重要的任务是需要从补血市场转向滋补市场。完成这个战略任务，当时的品牌故事是滋补三大宝：人参、鹿茸、阿胶。

在现在看来天经地义的一句话，而十多年前是具有非常强烈的戏剧性，通过人参、鹿茸吸引消费者注意力。品牌故事不但要有生动的、戏剧性的、差异性的阐述方式，还需要朗读押韵和美感。

通过这一句把阿胶品类从补血跳到了滋补，因为人参和鹿茸是大家熟悉和认可的滋补品，阿胶早年不被大家熟悉，但是在古典书籍里都是把它们三者并列提及，把事实通过品牌故事告诉消费者：阿胶是具有与人参、鹿茸同样滋补功效的滋补品。

这个品牌故事在战略执行的前五年，通过公关、包装设计等方式无处不在地宣传，才获得今天消费者对这句话的认同感。

2.南方黑芝麻糊

麻石小巷，黄昏，挑担的母女走进幽深的陋巷，布油灯悬在担子上，晃晃悠悠。小男孩挤出深宅，吸着飘出的香气，伴着木屐声、叫卖声和民谣似的音乐。男孩搓着小手，神情迫不及待，随着大锅里那浓稠的芝麻糊滚腾。大铜勺提得老高，往碗里倒芝麻糊。小男孩埋头猛吃，碗，几乎盖住了脸。研芝麻的小姑娘新奇地看着他。站在大人的背后。小男孩大模大样地将碗舔得干干净净，小姑娘捂着嘴笑。卖芝麻糊的母亲爱怜地又给他添了一勺，亲切地抹去他脸上的残糊。小男孩抬头，露出羞涩的感激。

人是在经历中成长的，对成长中的回忆有时可能会使人终生难忘，所宣传的产品如果能够引起人们的美好回忆，无疑是一个成功的广告，可谓妇孺皆知。最后主题广告语"一股浓香，一缕温暖"，给南方黑芝麻糊营造了一个温馨的氛围，深深地感染了每一个观众。当人们在超市里看到南方黑芝麻糊时，可能就会回忆起那片温情，极大限度地刺激购买欲望。

3.德芙

德芙巧克力的标志设计由DOVE字母变形而成,简单的几个字母"DOVE",展开来就是"DO YOU LOVE ME——你爱我吗",字体是巧克力色,就如香甜的巧克力酱淋成般,散发出香甜。德芙标志设计的重点在于它的寓意,以及它那众所周知的凄美的爱情故事。

20世纪初,发生在卢森堡,芭莎和莱昂的一段悲伤的爱情故事。因为王室特权斗争,他们彼此之间错过,莱昂为了纪念这段爱情,经过苦心研制,香醇独特的德芙巧克力终于制成了,每一块巧克力上都被牢牢地刻上"DOVE"。如今,德芙巧克力已经有了数十种口味,每一种爱情都能在这巧克力王国中被诠释和寄托。

三、统一品牌形象

无论是在企业、公司,或是电商行业,要想让人记住你的品牌、你的产品,首先你就需要有属于你自己独特的品牌形象。而页面视觉是客户进入店铺最初也是最直接的品牌体验,因此,运营人员应打造统一的店铺视觉识别系统。一个完整的店铺视觉系统,需要从产品拍摄、页面信息布局、字体、版式、页面色彩进行整体规划和设计。

1.VI设计

VI全称Visual Identity,即企业VI视觉设计,通译为视觉识别系统。它是以标志、标准字、标准色为核心展开的完整的、系统的视觉表达体系，将企业理念、企业文化、服务内容、企业规范等抽象概念转换为具体符号，塑造出独特的企业形象。

> 设计到位、实施科学的视觉识别系统，是传播企业经营理念、建立企业知名度、塑造企业形象的快速便捷之途。

VI设计的基本要素系统严格规定了标志图形标识、中英文字体形、标准色彩、企业象征图案及其组合形式，从根本上规范了企业的视觉基本要素，基本要素系统是企业形象的核心部分，企业基本要素系统包括图8-8所示的内容。

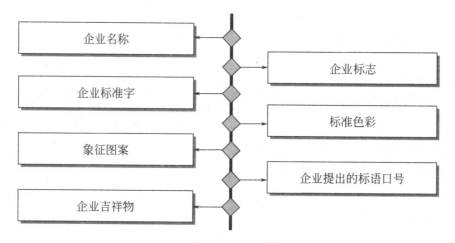

图8-8 VI设计的基本要素系统

VI是一个品牌的符号化浓缩，数字平台下的VI识别系统与传统VI有着不同的应用场合，它要求品牌VI有更强的识别性以及便于网络应用的形式。

2.色彩

色彩是有感情的，不同的色彩代表了不同的情绪和调性。

比如，法拉利红、星巴克绿、麦当劳黄，都给人留下了深刻印象。

3.版式

版式构成了店铺页面的形式，或庄正严谨，或时尚大气，或素雅飘逸，点线面的组合能够产生无穷变化。

4.图片

在视觉营销备受推崇的线上平台，产品图片的作用不言而喻。然而图片又是无法用单一标准去衡量的，除了符合产品定位、表现产品卖点以外，还要寻求与其他品牌的差异化，这样才能让你的品牌在网上眼花缭乱的视觉轰炸下脱颖而出。

5.图形

善于利用图形元素能够让你的店铺在信息传达上取得事半功倍的效果，同样在图形元素的选择上也需要与品牌整体调性相契合。

> **相关链接** 三只松鼠的Logo设计
>
> 三只松鼠股份有限公司成立于2012年，主营产品覆盖了坚果、肉脯、果干、膨化等全品类的休闲零食。三只松鼠创立7年来，三只松鼠累计销售坚果零食产品超过200亿元，自2014年起连续五年位列天猫商城"零食/坚果/特产"类目成交额第一名。2018年"双十一"当天，三只松鼠全渠道实现销售额6.82亿元，是当前中国销售规模最大的食品电商企业。
>
> 三只松鼠的成功，一直离不开5大品牌建设的步骤。
> ①开展品牌产业研究，探寻品牌定位及发展空间。
> ②挖掘品牌核心价值，占据品类第一位置。
> ③设计品牌识别系统，品牌价值立体展现。
> ④优化品牌战略架构，科学积累品牌资产。
> ⑤整合品牌创新策略，创建营销模式。
> 三只松鼠的Logo如下图所示。

三只松鼠的Logo

其意义如下：

（1）Logo以三只松鼠扁平化萌版设定为主体，突出企业动漫化。

（2）Logo整体呈现三角趋势，图形下边缘有圆润的弧度，象征稳固而和谐的发展。

（3）小美张开双手，寓意拥抱和爱戴我们的每一位主人；小酷紧握拳头，象征拥有强大的团队和力量；小贱手势向上的style，象征着青春活力和永不止步、勇往直前的态度。

后期的整体品牌调性也是充满着活力，深受年轻消费者喜爱，卡通形象也成为了品牌的超级符号。

四、品牌推广

塑造电商品牌不可忽视的还有推广环节。推广不仅仅是打广告、做营销和活动就够了。网络时代的客户更注重于性价比、互动以及用户体验。找到用户兴奋点，配上好的文案宣传和推广互动，就是完美的品牌推广了。

1.找到用户兴奋点

每个品牌都需要去寻找让消费者"兴奋"的东西，这种兴奋，来自于品牌的精神、主张和灵魂，如果一个品牌没有核心的灵魂，消费者也就变得游离，人性化和生活细节依然是一切好产品、好设计和好创意需要关注的本源。运营人员可以尝试从以下几个方面来找到用户的兴奋点。

（1）"简化"与"克制"的设计理念。要做到"简"是很不容易的，很多品牌今天面临的问题是，面对消费者琳琅满目的需求，往往难以"克制"欲望，很多时候，让消费者心动的设计，就是"此时无声胜有声"的境界，"简"与"减"，无论对于产品开发还是品牌营销，都是值得去思考的两个关键字。

（2）禅学与美学的结合。好的产品一定要有文化审美，没有文化就是没有灵魂，好的产品也需要向消费者表达出这种文化，将传统文化的一些要素通过设计语言进行表达就会有无穷的张力。

（3）贩卖生活哲学。人们为什么要为设计感付钱？打动消费者心扉的产品，驱动消费的功夫在设计之外。一个品牌如果贩卖的是生活哲学，它影响的将是消费者的精神和灵魂。

（4）洞察消费者的生活细节。有很多品牌，总是认为自己的产品是最好的，或者是将自己的设计思想强加给消费者。事实上，所有的创意和创新都来自于消费者的生活细节，以及生活场景中的痛点。然而，要做到这一点也不容易。

（5）定义品牌独有的风格。品牌就需要族群化，族群化就是风格化，如果不能定义出清晰的族群，族群不能对品牌产生认同，就很难有品牌忠诚度。

（6）给予归属感。品牌要成为消费者的避风港、消费者的闺蜜。当一个品牌与消费者的生活紧密地捆绑在一起的时候，这个品牌就有了持久的生命力。

2.文案宣传

文案是商业宣导中最重要的环节之一，一个好的文案往往能够给商家带来数倍的收益。文案，一种以文字为载体的广告形式，已然走向了电子商务竞争第一线。

电商文案所面临的问题不仅是考虑怎样快速把商品卖出去，还要思考如何赋予商品独特的气质，让自己的商品能够在同类商品中脱颖而出。那么，我们该如何写出好的文案来宣传自己的商品呢？技巧如下。

（1）找出一个创作的点。电商文案的创作灵感不是一下就迸发出来的，还得需要我们的积累，才能达到自然而然的输出优质内容。可以参考图8-9所示的切入点。

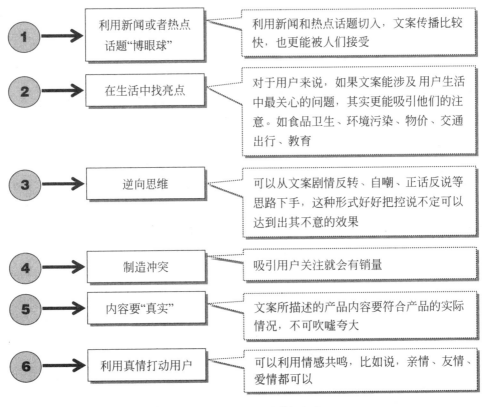

图8-9 文案创作灵感的切入点

（2）找出产品的核心卖点。寻找产品的核心卖点就需要我们发散思维，从产品各个角度去分析，当你没有思路的时候，可以试试九宫格思考法。操作步骤如下。

第一步，画一个正方形，然后将其分割成九宫格，将要进行创意思考的主体（商品名）写在中心格子里。

第二步，将与主体相关的联想任意写在旁边的8个格子内，尽量用直觉思考，不用刻意寻求"正确"答案。

第三步，尽量将8个格子的内容扩充完整，鼓励反复思维、自我辩证，先前写下的内容可以修改。

如图8-10所示的是用九宫格分析某净水器的特点。

体积小	定制	一键水洗
噪声低	净化器	除螨加湿
技术先进	两套系统	自动智能

图8-10 净水器的特点

格子不够用可以继续绘制九宫格，将产品的特点一一与市场上同类产品文案进行比较，创作出一个有吸引力且与众不同的文案。

卖点基本围绕商品本身的可用性价值、功能性价值、情感性价值、内容性价值进行发掘。如果在提炼核心卖点时没有切入点，感觉无从下手，可参考图8-11所示的方法。

方法一	整理出所有与销售的商品相关的消费者的需求
方法二	对消费者的需求进行排序，找出消费者对商品的需求重点
方法三	对比同类产品，分析自己商品的优势，提炼差异化卖点
方法四	分析表达卖点

图8-11　产品卖点发掘的切入点

（3）正文创作。电商正文的文案写作技巧如下。

① 简单直接。电商文案是以销售为目的的，而且消费者浏览商品页面的耐心不超过2秒，所以文案对商品的描述越简单有力，消费者越容易产生深刻印象。

比如，农夫山泉的"我们不生产水，我们只是大自然的搬运工"。如图8-12所示。

图8-12　农夫山泉文案截图

② 制造悬念。悬念营销会因悬念引爆关注，对于电商文案来说，制造悬念就要提炼1～2个核心卖点，并逐渐展现。悬念就是从设疑到推疑再到解疑的策略构思过程，通俗点说悬念就是学会"卖关子"。

比如，方太的"造字"文案。如图8-13所示。

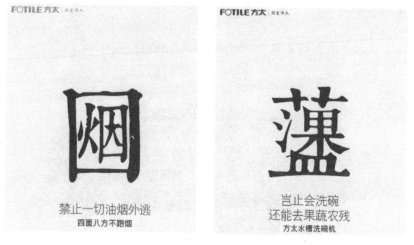

图8-13　方太文案截图

③ 利用奖赏或活动来利诱消费者。比如，每年的"双十一"，撰写这类文章直接在文案正文注明促销的内容即可，记得要重点突出产品和活动。

④ 动之以情。创作电商文案要用心，即使是简单的语句也能深得人心。一般来说，富有感染力的语句信息，会比注重理性诉求的信息更容易让人接受。

比如，江小白的文案"最想说的话在眼睛里，草稿箱里，梦里，和酒里"。如图8-14所示。

图8-14　江小白文案截图

⑤ 幽默——消除戒心。幽默可以拉近商家和用户的距离，用户哈哈一笑可能会对你产生购买兴趣。在这个人人都面临各种压力的社会中，幽默是缓解压力最好的方式之一。

比如，m巧克力豆的文案"快到碗里来"。如图8-15所示。

图8-15　m巧克力豆文案截图

（4）美化文案。文案撰写好后，还需美化文字格式，并为文案制作打动客户的图片以及精心设计版式。毕竟"爱美"之心，人皆有之，赏心悦目才能吸引用户的阅读兴趣。

第 9 章

仓储管理

阅读提示：

仓储管理对效率提高、减少失误、更大程度地避免爆仓、错发、漏发、暴力分拣、快件丢失等多方面有着极大的作用。

关键词：

➪ 库区布局

➪ 货位编号

➪ 库存管理

一、电商仓储的特点

电商仓储和传统线下仓储虽然看起来都是仓储管理,但是在管理层面却有本质的区别。具体如表9-1所示。

表9-1 电商仓储与传统线下仓储的区别

维度	电商仓储	线下仓储
客户	终端消费者	门店、经销商
日均单量	较多(无计划)	较少(有计划)
平均客单量	较少	较多
订单及时率	要求较高,快速响应	按计划时间配货
订单准确率	要求极高(100%)	要求高
订单量波动	波动较大(促销)	相对稳定
SKU数量	非常多	多
单SKU备货量	较小	多
退货单量	较大	较小(有计划)
配送模式	快递居多	物流配送

通过表9-1,我们可以看出电商仓储具有图9-1所示的五大特点。

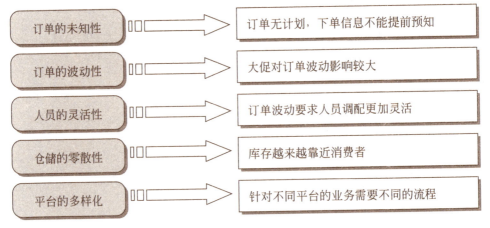

图9-1 电商仓储的特点

二、仓储管理的要求

电商仓储的重要性不言而喻,电商仓储管理应达到图9-2所示的要求。

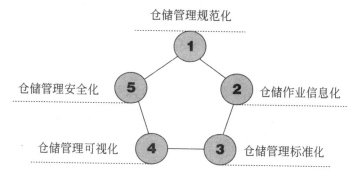

图9-2 电商仓储管理的要求

1. 仓储管理规范化

仓库是否爆仓的关键并不仅在于快递的配送能力,也有赖于仓库的发货能力。电商仓储作业复杂而繁重,高效仓储管理和快速准确发货都离不开规范化管理和标准化作业。

行业标准《网络零售仓储作业规范》(SB/T 11068—2013),经国家质量监督检验检疫总局、国家标准化管理委员会批准并正式发布(商务部公告2014年第23号),并于2014年12月1日起开始实施。该标准对网络零售仓储作业的基本要求、管理方针、基本流程、基本规范、信息化管理、配送管理、安全管理进行了规范,并对网络零售仓储企业的评价和改进提出了要求。

2. 仓储作业信息化

全程信息化管理。依托电商仓库管理系统,对仓库内每个作业环节和人员操作情况进行信息化管理和可视化管控,所有作业流程和人员操作均在信息系统的规划指导下进行,对每一步骤和动作都进行分解、计算,并合理规划,提高人员操作的效率和可执行性。

(1)设计多重防错措施。通过唯一标准条码、数量比对、重量比对、视频监控等方式,依靠管理系统对人员操作进行防错、纠错,人员在系统的管理和提示下进行操作,即使面对大批量订单,仍能有效避免误操作,降低错发漏发率。

(2)预分配策略。采用管理系统根据整仓任务量和不同岗位的需求量提前进行规划安排，使资源与人力配置最优化，人员开始工作前便可获悉一天的工作安排和工作量，便可自主进行工作安排，增强灵活性和人本精神。这种策略的优势在"双十一"等订单高峰期间尤其明显。

（3）有效工时考核法。根据各岗位工作强度和特性，依照合理算法将人员工作转化为有效工时，进行公平合理的绩效考评，并通过电子看板实时展现工作状态，有效提高人员工作积极性、主动性，彻底解决仓库员工/临时工考核困难等问题。

3. 仓储管理标准化

（1）一人多岗，一岗多能。库内的各个岗位均采用标准化模式，降低人员操作的复杂度，使一人可兼任多岗，一岗可实现多能，系统根据仓库内作业情况可随时进行人员岗位调配。如包装任务量大时，可随时增设包装作业台，并调拨其他较空闲岗位的人员进行包装，从而避免因某一作业岗位工作量巨大而导致的整体效率降低。

> **一点通** 标准化作业方法，可简化人员操作，缩短培训周期，在"双十一"期间，便可大量使用临时工，确保发货及时性，降低人员成本。

（2）建立标准化信息技术服务管理体系。针对商家自有仓库，能够提供仓储管理系统软件输出和改进、仓库内部硬件升级、仓库内部流程优化、团队管理经验共享、管理人员培训等一系列标准服务，运用成熟高效的仓储管理软件和系统支持服务以及先进的仓内管理流程方案复制高效准确的智能仓库。

4. 仓储管理可视化

加强智能仓库管理系统对所有货物情况和作业环节的监管，使货物的存储、发货、运输等情况可以随时通过系统进行查看，仓库内员工的作业情况通过系统和PDA等进行记录和管理，使客户实时掌握自己商品的动态，包装等作业环节通过视频全程记录，并永久保存，保证每一环节的可追溯性，确保货物安全性。

5. 仓储管理安全化

仓库内通过信息系统进行管理，与电商/平台的管理系统和快递公司管理系统进行无缝对接，全程采用无纸化作业，对所有与客户相关信息进行严格保密，确保客户信息安全。

> **相关链接** 　　　　提高仓库发货效率的技巧

1. 货物保管

（1）货品要面向通道保管。为货品出入库方便，方便在仓库内移动，所以物品优先面向通道保管。

（2）对于有保质期、易破损的货品，应采用先进先出原则，加快周转。

（3）可在仓库楼高的范围内，尽可能地向高处码放，提高保管效率。有效利用库内容积应尽量向高处码放，为防止破损、保证安全，应当尽可能使用棚架等保管设备。

（4）根据形状采取相应的保管方法。如标准化商品应放在托盘或货架上来保管。

2. 货物摆放、货架规划

（1）根据出库频率规划库位。出货和进货频率高的物品应放在靠近出入口、易于作业的地方；流动性差的物品放在距离出入口稍远的地方；季节性物品则依其季节特性来选定放置的场所。

（2）同一品种在同一地方保管。为方便作业和保管，同一物品或类似物品应放在同一地方保管，员工对库内物品放置位置的熟悉程度直接影响着出入库的时间，将类似的物品放在邻近的地方也是提高效率的重要方法。

（3）根据物品重量选择保管的位置。安排放置场所时，当然要把重的东西放在下边，把轻的东西放在货架的上边。需要人工搬运的大型物品则以腰部的高度为基准。这对于提高效率、保证安全是一项重要的原则。

3. 货物科学堆放

（1）货品尽量采取立堆式操作，以提高仓库利用率。

（2）通道应有适当的宽度，以方便仓库人员拣货，及货品的上下架操作。

（3）应根据货品本身不同的形状、性质、价值等采取不同的堆放形式。

（4）货物的堆放应容易识别与检查，如良品、不良品、呆料、废料的分开处理。

4. 盘点

（1）把仓储整顿和管理工作，在盘点中一并完成，尤其是在"预盘"阶段。主仓应该放活料，呆料不要占据主仓位置，不管其贵贱，并且主仓存放的一定是良品。

（2）盘点并复核完毕后，实况资料（包括差异）呈交盘点主持人，一方面由会计部执行结算（包括调整及计价），作财务报表之依据；一方面由盘点主持人召开"检讨"会议，针对料账差异较大与较奇特的状况，深入检讨其原因。

5. 合适的仓库管理软件

做好上述四点后，还需要借助一款先进合适的仓库管理软件。一款好的电商仓库管理软件要实现如下的功能。

（1）界面美观友好，信息查询灵活、方便、快捷、准确，数据存储安全可靠。

（2）系统最大限度地实现了易维护性和易操作性。简单易用，智能提醒，企业内部任何角色的人员都能轻易掌握。

（3）对某一时间段内的某种商品按照销售数量或销售金额进行统计分析。

（4）商品的入库、入库退货、销售、销售退货流程清晰。

（5）移动端、PC端同步更新，提高工作效率。

（6）与供应商和客户之间的往来账目清晰。

（7）可方便快捷地查询库存信息，并可对商品价格及时进行调整。

（8）系统管理员可以随时修改自己的口令，并可增加删除其他用户。

（9）出入库可使用条码扫描功能，尽可能排除人为的错误。

（10）智能化采购，根据库存量测算产品的需求量，合理采购，精益销售。

三、库区布局

库区布局属于仓库管理的前期规划范围。做好库区布局一方面能够提升仓库的空间利用率；另一方面也能够科学合理地规划出入库作业，降低仓储作业成本。

1. 按货物布局

按货物布局的方式有图9-3所示的几种。

2. 仓储库区的布局形式

（1）空间布局。空间布局是指库存物品在仓库立体空间上布局，其目的在于充分有效地利用仓库空间。

空间布局的主要形式有图9-4所示的几种。

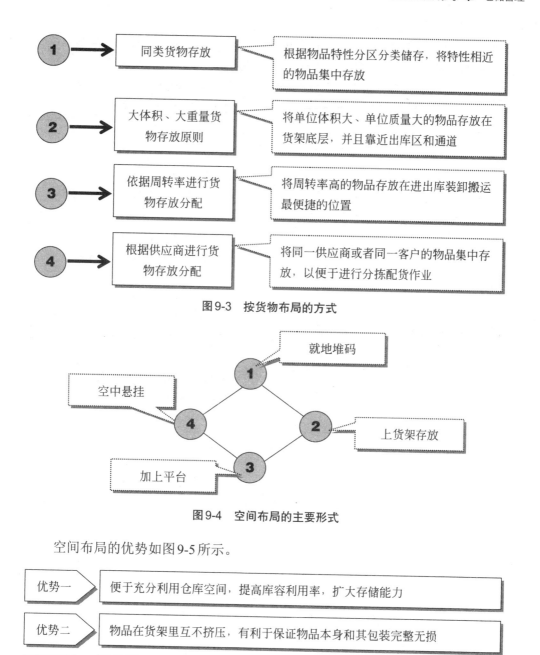

图9-3 按货物布局的方式

图9-4 空间布局的主要形式

空间布局的优势如图9-5所示。

优势一	便于充分利用仓库空间，提高库容利用率，扩大存储能力
优势二	物品在货架里互不挤压，有利于保证物品本身和其包装完整无损
优势三	货架各层中的物品可随时自由存取，便于做到先进先出
优势四	物品存入货架，可防潮、防尘，某些专用货架还能起到防损伤、防盗、防破坏的作用

图9-5 空间布局的优势

（2）平面布局。平面布局是指对货区内的货垛、通道、垛间距、收发货区等进行合理的规划，并正确处理它们的相对位置。

目前仓库主流的平面布局形式以垂直式布局为主。垂直式规划是指货垛或货架的排列与仓库的侧墙互相垂直或平行，具体包括横列式布局、纵列式布局和纵横式布局。如图9-6所示。

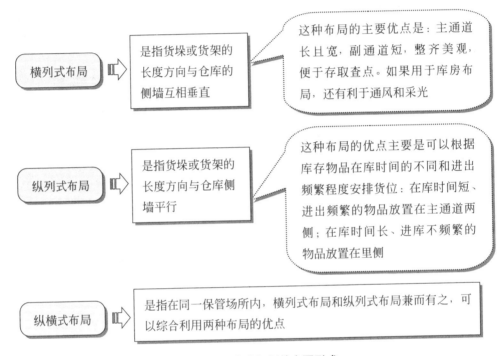

图9-6　垂直式规划的主要形式

一点通

合理地进行库区布局，有利于规范库内的作业流程，提升仓库整体的作业效率，同时也是构建现代化仓库的重要先期工作之一。

四、货位编号

货位编号也称方位制度，是指对仓储划分的货区、库房、货棚、货位按地点、位置顺序编号的管理方法。

1.货位编号的方法

货位编号的方法,应按仓库不同条件和需要,灵活运用平面、垂直或立体的纵横方向序列,以各种简明符号与数码和文字结合,编制货区仓位号别。可整个仓库统一顺序编号,也可分别不同库房、货棚、货场各自编号。

为了掌握货位的情况,除标示货位编号外,可制作活动卡标明货位的使用和空闲情况的平面图,悬挂在仓库明显处或保管员办公地点,以便能迅速办理商品出入库。

建议货位编号模式按照"库区号—通道(货架)号—货架层号—货架序号"顺序进行编排,如图9-7中货位编号"A—01—03—03"。

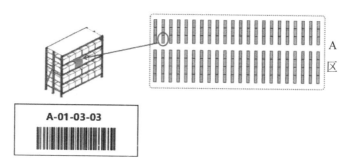

图9-7 货位编号

通过货位编号,可以提高仓库收发货效率,减少串号和收发货差错现象,便于仓储商品的统计和检查监督,促进账货相符。

2.货位编号的要求

货位的编号就好比商品在仓库中的住址,必须符合"标志明显易找,编排循规有序"的原则。具体编号时,须符合图9-8所示的要求。

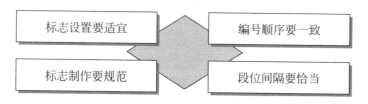

图9-8 货位编号的要求

（1）标志设置要适宜。货位编号的标志设置，要因地制宜，采用适当的方法，选择适当的地方。如无货架的库房内，走道、支道、段位的标志，一般都刷置在水泥或木板地坪上；有货架库房内，货位标志一般设置在货架上等。

（2）标志制作要规范。货位编号的标志如果随心所欲、五花八门，很容易造成单据串库，商品错收、错发等事故。统一使用阿拉伯字码制作标志，就可以避免以上弊病。为了将库房以及走道、支道、段位等加以区别，可在字码大小、颜色上进行区分，也可在字码外加上括号、圆圈等符号加以区分。

（3）编号顺序要一致。整个仓库范围内的库房，货场内的走道、支道、段位的编号，一般都以进门的方向左单右双或自左向右顺序编号的规则进行。

（4）段位间隔要恰当。段位间隔的宽窄，应取决于货种及批量的大小。

走道、支道不宜经常变更位置、变更编号，因为这样不仅会打乱原来的货位编号，而且会使保管员不能迅速收发货。

3.货位编号的应用

（1）当商品入库后，应将商品所在货位的编号及时登记在账册上或输入电脑。货位输入的准确与否，直接决定了出货的准确性，应认真仔细操作，避免差错。

（2）当商品所在的货位变动时，该商品账册上的货位编号也应作相应的调整。

（3）为提高货位利用率，一般同一货位可以存放不同规格的商品，但必须配备区别明显的标识，以免造成差错。

五、动线优化

货架的编排模式会和动线息息相关，所以在设置库位的时候一定要考虑到拣货的动线问题。

1.S形拣货动线

S形拣货动线是指拣货员在整个拣货区以大S形的路径行走拣货，进入巷道后以"Z"字形或"S"形的路线拣货。这种拣货动线比较适合中层隔板货架的仓库,可以实现拣货的最短路径。

2.U形拣货动线

U形拣货动线,是指拣货员在整个货架外围和巷道中都是以大小U形的动线来拣货。这种拣货动线比较适合巷道宽度比较宽的高位立体货架区。

六、SKU优化

不管从二八原则还是ABC分析法我们都能看到:目前很多电商的仓储客单量并不大,而商品的存放面积却永远不够,仓储成本居高不下。与之同时存在的是,线上经营的SKU已经很多,消费者还是反映买不到商品或缺货率居高不下。

当商品的周转天数能30天周转一次,动销率在85%~90%之间,那么我们的供应链一定是健康的。反之商品存放的成本会越来越高,仓储面积需求会越来越大。

那么精简SKU需要注意些什么呢?

1.正确制订SKU计划

我们很多电商开业前,由于缺乏SKU结构计划,只能是根据采购资源,将所有的品类商品逐一塞进商城/渠道店铺,然后根据销售情况进行SKU商品计划的调整。典型的先盖楼,后绘图。结果往往是商品无法适销对路,无法精准满足目标客户的需求。

比如,有一家线下总公司在线上商城塞了近5000SKU,上架后才发现童车、童床、玩具等毛利高的商品根本不适合线上销售。运输易损是一个问题,用户不会组装是另一个问题,最致命的问题是零件容易缺失或者损坏,结果是400万元的库存来回调货折腾。

因此,上线前应正确制定SKU计划,其操作流程如图9-9所示。

| 步骤一 | 先对商圈环境进行分析判断,根据自己所擅长零售业态的市场定位、客户的需求情况,判断未来的销售预期 |

| 步骤二 | 根据运营过程情况,计划未来电商的发展状态,制定出每一个品类 SKU 数量的基数 |

图9-9 上线前制订SKU计划的流程

2. 进行SKU调整

虽然电商在上线前已经制定了详细的SKU计划，但是随着电商的运营扩大，对商圈环境的不断了解以及目标客户群体的逐步明确，SKU计划还应随着商圈环境和商城/渠道店铺定位的变化而有所调整。

为了保证商品结构SKU数量的科学性和准确性，增加店铺对客户和市场的适应性和灵活性，电商可以按周期进行SKU调整，一般一个季度一次。

比如，服装类目因为季节的变换，有的SKU本季爆款，来季还可卖，那么就不要低价倾销，保留其SKU位置，但要调整到偏远位置去。而那些滞销和平销SKU就可大胆倾销，即使倾销余有尾数，也必须砍去，不留SKU位置。

其实SKU位置是有价值的，占用仓储面积是小事，致命的是容易误导管理决策，并严重耗用管理、排位、盘存成本。

3. 维持SKU平衡

（1）制定判断滞销商品的方法。即当商品在商城/渠道店铺的销售业绩呈现什么情况的时候就可被认定为滞销商品。如有些电商将超过两个月无销量的商品视为滞销商品。

（2）分析商品滞销的原因，根据滞销商品的问题采取应对措施。

比如在店铺的日常营运管理过程中，每天运营负责人召开的晨会中要涉及滞销商品跟踪，这需要IT部门每日提交以渠道（比如：淘宝、拼多多、京东等）为单位的滞销商品清单。由运营负责人根据清单督促各个渠道店长采取措施尽快处理滞销商品。同时采购部门也会得到同样的滞销商品清单，与供应商召开会议商讨如何解决滞销商品问题。

所有这些工作的目的是通过退货或促销等手段，尽量减少由于商品滞销而给电商可能带来的损失。其中，运营与采购部门同时努力，是滞销商品得以有效控制和清理的关键。

当然，在滞销商品的清理过程中，如果确认滞销原因是因为商品本身问题，那么引进新品替代滞销商品是必须要进行的工作，否则此分类中的SKU数量就会减少。虽然这并不是很严格的一进一出原则，但维持整个SKU数量平衡对电商来说非常重要。

4. 砍掉多余SKU

动销率+周转率两个考核维度结合也是砍SKU的重要方法。

关于动销率和周转率的定义，我们先看一组公式：

商品周转率＝月度售出商品的成本/月度平均库存总值×100%

周转天数＝360×周转率

商品周转次数＝360/周转天数

商品动销率＝动销品种数/仓库总品种数×100%

商品周转率越高，商品给公司带来的利润就越高。商品的动销率越高，滞销产品就越少。一个关注商品价值变化，一个关注存放价值变化。

比如，某SKU的利润是100元，一年周转12次，其带来的年利润是1200元；一年周转4次，那么该商品的年利润就只有400元。

由此可以看出，周转率是指具体某SKU商品的价值高低。周转率是对SKU进行"点"的管控。而动销率是关注整个商品品类，甚至是整个仓储品类动态，属于"面"的管控。销动（不是指移动）的品种数越多，表示品类的管理和策划越成功，仓储利用价值越高。

所以我们调整店铺/仓储SKU结构可以看品类动销率，调整单个SKU的毛利率就要看周转率。当整个仓储动销率低时，意味着我们到了该砍SKU的时候了。当确定砍SKU后，就要分析每个SKU的周转率了。

周转率低的SKU，我们就要分析其周转低的因素。究竟是卖相不好，还是不适合在网上销售，还是过季原因，或者图片拍得不好，编辑文字不给力……不经分析，单看数字，会掩盖很多选品、设计、运营问题。

另外，通过动销率层面来砍SKU请注意以下因素。

（1）当动销SKU＜当前库存SKU+淘汰的品项数：说明动销商品被淘汰，而不动销商品没有被淘汰。

（2）当动销SKU＞当前库存SKU+淘汰的品项数：说明该种类商品应该淘汰。

（3）当动销SKU＝当前库存SKU+淘汰的品项数：说明该分类商品不但不可以淘汰，还需要引进商品品项数。

一点通

电商把钱变成库存很容易，库存变成钱却很难。关键点其实就在于：真正有实力的产品规划，就是用有限的SKU，去实现尽量多的销售。

七、库存管理

库存管理就是对货物出入库的管理，管理是否有效直接影响商家的利润，合理的库存是商家正常运营的保证。

1. 库存管理的原则

库存的查询、计量和预测应该要放在首位，如果库存管理混乱或很难查询的话，就很难及时履行客户订单，对消费者的购物体验造成很大的影响。一般来说，库存管理应遵循图9-10所示的三个原则。

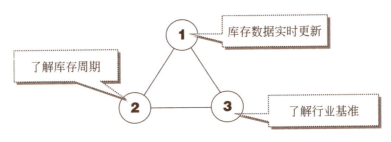

图9-10　库存管理应遵循的原则

（1）库存数据实时更新。库存数据有时效性，要实时更新。如果SKU数量很大，那库存数据管理或许就是一大挑战。

商家应该了解以下内容。

① 哪个库存点存放什么样的产品？

② 每个产品包装和发货需要多久？

③ 用何种快递线路和物流操作能将产品送到消费者手上？

当库存数据更新了，而且能实时获取时，商家就更容易做出明智的决策，而当库存数据能表明一项合作的价值的话，寻找新的物流商和供应商就更加有指向性且更容易了。

一点通

没有清晰、最近更新的库存数据，业务很容易出现增长停滞，甚至出现下降。

（2）了解库存周期。库存周期是衡量产品销售是否健康的一项基本指标，即单位库存售出所需时间。当商家对所有产品的库存周期有一个清晰的认识时，就能做出明智的库存采购决策。

比如，一种仓库存货要好几周才能卖出去，这时商家可以做一个成本/效益分析，看售出产品所获得利润能不能覆盖仓库成本。

商家应时刻谨记库存周期，能快速而且坚定地清理产品，否则，产品可能一直滞留在仓库。

关注库存周期还能让商家做出前瞻性决策。受欢迎的产品库存周转一般很快，因此可以根据现实的销售情况和之前的库存周期指标，为未来采购做出明智决策。根据库存数据做采购可以帮助商家更好地确保畅销产品总有库存，消费者总是能买到产品，从而提高销售额，并带来更多的客户。

（3）了解行业基准。如果销售的产品是保健、美容、奢侈服装及家居用品，那么商家要将自己的库存管理指标同行业指标做对比。如果库存表现由于缺乏竞争力而下降，就要重新规划流程、重新评估合作伙伴并推出新的改善策略。

对刚发展起来的电商品牌来说，库存管理通常是容易被忽略的一点。商家要确保团队人员实时了解存货量，并思考如何让库存表现跟上行业标准，商家也可以通过与提供库存管理工具的电商物流解决方案公司或其他物流专家合作来解决这一问题。

2.常规订单流程中库存的处理

（1）相关概念

① 总库存，是指供应商仓库该商品的实际库存。

② 冻结库存，是指订单临时占用的库存。冻结库存可以根据订单取消或发货等情况进行释放。

③ 可用库存，即总库存－冻结库存。一般指在前端显示且用户可下单的最大数量。

（2）总库存的数量。总库存的数量可以同步ERP或人工设置。

① 人工设置的情况下，供应商点击"确认发货"后减少，退款时若订单已发货则供应商点击"同意退款"/系统自动同意退款则增加，退货时供应商点击"确认收货"/系统自动确认收货则增加。

② 同步ERP数据的条件下，总库存可以不受订单状态的影响，也可以先扣减/增加总库存，因为总库同步肯定会覆盖之前修改后的数量。

冻结库存在用户下单时增加，在供应商确认发货/取消订单时减少，"待发货"的订单申请退款成功则减少。

取消退款和退款失败的情况下，对库存无影响。

(3) 订单流程节点说明

① 用户下单。下单时由于订单生成之后需要预定一定的库存，保证该订单能发货，所以需要增加对应商品的冻结库存。

需要注意的是，不同的业务场景对于增加冻结库存的节点定义不一样。一般来说在两个节点考虑增加冻结库存：一个是在生成订单时，一个是在付款成功时。

对于库存有限、时间紧迫的下单场景来说（比如秒杀），在付款成功的时候增加冻结库存会比较合理，因为未付款的订单会影响其他人购买这款商品。但对于常规场景来说，在生成订单时占用库存会比较好，否则会影响用户的下单体验（但是一定要有系统自动取消订单的功能以释放冻结库存）。

② 确认发货。确认发货的动作可以是ERP订单出库的时候自动确认发货，也可以是手动确认发货。无论哪种场景，只要触发发货动作的话，均需扣减总库存，同时扣减冻结库存。若ERP自动同步总库存的情况下，则ERP中会扣减总库存并自动同步至系统。

③ 取消订单。首先，在我们系统中定义在付款成功之前可以取消订单，取消订单的时候需要扣减冻结库存（即去除库存的占用）。

④ 申请退款。若系统定义为商品付款后、发货前可以申请退款的情况下，退款成功则需要扣减冻结库存（商家操作"同意退款"或系统超时自动审核）。

⑤ 申请退货。若系统定义为商品发货后，可以进行申请退货的情况下，退款成功且供应商已收货的情况下需要增加总库存（商家操作"确认收货"或系统自动确认收货），若ERP自动同步库存的情况下，则ERP中会增加总库存并自动同步至系统。

3. 活动库存的处理

由于特价商品活动需要占用一定的库存，以保证能有充足的库存支撑活动的进行，因此商家需要做好活动库存的处理。

（1）活动库存概念。特价商品在设置活动时，可设置活动库存，目的是为限制本商品以特价销售的数量（设置的活动库存不能大于总库存），同时也保证参加活动的商品的数量，超出活动数量的商品（活动库存用光的时候）将以原价购买。

（2）下单过程中的库存逻辑。活动创建成功，则对应的商品需将活动库存A件从总库存B件中间分出，此时普通商品可用库存为（B-A）件，特价商品活动可用库存为A件。

用户下单时，以活动价购买商品C件，则普通商品可用库存仍为（B-A）

件，特价商品可用库存为（A–C）件，活动冻结库存为C件。

活动库存不足/超出限购数量时，下单D件，其中以特价购买的为D1件，以普通价购买的商品为D2件。则普通商品可用库存为（B–A–D2）件，普通商品冻结库存D2件，特价商品活动可用库存为（A–D1），活动冻结库存为D1件。

当特价商品可用库存不足时，特价商品售完，所有商品都以普通价购买。当活动期间若有订单取消或退款、退货，则活动库存重新>0时，可继续以剩余的数量按特价购买商品。

（3）活动商品库存扣减及回滚。活动商品售出之后，增加活动冻结库存，活动有效期间取消订单/退款成功则减少活动冻结库存；普通商品的库存不受影响，但是特价商品的可购数量需要增加/减少。

活动中若ERP由于发货需要调整冻结库存和总库存，此时不管发货的是不是特价商品，都是直接扣减冻结库存和总库存（因为ERP没有分库而且库存自动同步的情况下，总库存一定会减少，那边此时也需要扣减冻结库存以保证普通商品的可购数量保持不变，而活动商品的库存不需要处理）。

活动结束，如活动库存100件，卖了20件，则将该商品的活动库存清零，且活动冻结库存的数量合并到冻结库存后活动冻结库存也清零，最终冻结库存加20。此外由于活动库存变小，普通商品可用库存则变大（等于是把活动库存没用完的还回去）。

4.赠品库存的处理

如果把赠品当作一款SKU的情况下，即和正常下单路径一样，当把赠品单独出来的情况下，需要设置赠品库存，同时需要建立一套单独的库存处理体系。

赠品总库存可人工设置，每个使用赠品的活动都会设置对应的赠品活动库存。购买商品时，所送的赠品不能大于赠品活动库存；没有赠品、活动库存不够送的情况下，要友好提示客户。当提交订单后，若有送赠品，则自动扣减对应的赠品活动库存和赠品总库存。

活动有效期间，取消订单/退货，退款审核通过则自动增加赠品活动库存和赠品总库存；活动失效后，取消订单/退货，退款审核通过则自动增加赠品总库存。活动失效时，对应的赠品活动库存清零。

5.退换货管理

退换货的问题不仅仅是出库和入库这么简单，用户退回来的商品可能有很多种情况。

（1）有的能继续卖，有的不能继续卖。

（2）在不能卖的商品当中，又有些是可以退回给供应商的，有些是直接报废，不能够退回给供应商的。

（3）同时，报废的商品和退回给供应商的商品因为要脱离系统的库存，必须进行精准的财务核算，而这又需要考虑到这些商品当初的采购成本。

在这个问题上，比较好的做法是，建立不同的仓库，正常库、残次库。残次库当中再进行分仓，分出可以退回供应商的仓储和直接报废的仓储。另外在成本核算上，要可以定义到入库时间或者批次等，这样的财务核算才会准确。此外，就是需要在收到用户寄回的需要退换货的商品的时候，要及时进行分类，做好入库、入仓的操作。

第10章

客户体验

阅读提示：

　　优化顾客体验，已成为电商营销举足轻重的部分，而服务细节则直接决定了给到客户怎样的购物体验。

关键词：

⇨ 商品包装

⇨ 售后反馈

⇨ 对待评价

一、完善商品的包装

电商网店在产生订单之后,下一个步骤就是包装商品并发物流,这个环节需要引起重视。如果不注意细节,则有可能因为包装不到位产生的问题招致客户的投诉甚至退单,这对于商家长远发展很不利。

对于商品的物流发货包装,应根据不同种类的商品,选择不同的包装,具体如下。

1.易变形、易碎的产品

这一类产品包括瓷器、玻璃饰品、CD、茶具、字画、工艺笔等。对于这类产品,包装时要多用些报纸、泡沫塑料或者泡绵、泡沫网,这些东西重量轻,而且可以缓和撞击。

另外,一般易碎怕压的东西四周都应用填充物充分地填充,这些填充物也比较容易收集,比如包水果的小塑料袋,平时购物带回来的方便袋,苹果、梨子外面的泡沫软包装,还有一些买电器带回来的泡沫等。

商家应尽量多用聚乙烯的材料而少用纸壳、纸团,因为纸要重一些,而塑料制品膨胀效果好,自身又轻,可减少快递成本。

2.首饰类产品

首饰产品一般都需要附送首饰袋或首饰盒,通过以下方法可以让你的服务显得更贴心。

(1)一定要用纸箱包装。对于首饰来说,3层的12号纸箱就够用了。为了节约成本,商家可以根据所售首饰的大小定制大小合适的专用纸箱。

(2)一定要用报纸或泡沫等其他填充物填充,以便让首饰盒或首饰袋在纸盒里不晃动。

(3)纸箱四个角一定要用胶带包好。因为邮寄的时候有很多不确定因素,比如在递送过程中另有一件有液体的货品和你的货品在同一个包装袋里,一旦这个液体货品的包装不严密,出现泄露,你的货品就会被浸泡。所以,纸箱的四角一定要用宽胶带包好,这样也可以更好地防止撞击。

（4）附送一张产品说明卡，这样显得比较专业。

3.衣服、皮包、鞋子类产品

这类产品在包装时可以用不同种类的纸张（牛皮纸、白纸等）单独包好，以防止脏污。遇到形状不规则的商品，如皮包等，可预先用胶带封好口，再用纸包住手提带并贴胶带固定，以减少磨损。

邮寄衣服时，要先用塑料袋装好，再装入防水防染色的包裹袋中；用布袋邮寄服装时，宜用白色棉布或其他干净整洁的布。

4.液体类产品

邮局对液体类产品有专门的邮寄办法：先用棉花裹好，再用胶带缠好。因此，商家在包裹时一定要封好割口处，可以用透明胶带使劲绕上几圈，然后再用棉花整个包住，可以包厚一点，最后再包一层塑料袋，这样即使液体漏出来也会被棉花吸收，并有塑料袋做最后的保护，不会流到纸盒外面污染到别人的包裹。

比如香水，可以到五金行或是专门的塑料用品商店，买一些透明的气泡纸，在香水盒上多裹几圈，然后用透明胶带纸紧紧封住。为了更确保安全，最后，你应该把裹好的香水放进小纸箱里，同时塞些泡沫塑料或者报纸。

5.贵重的精密电子产品

贵重的精密电子产品包括电话、手机、电脑荧屏等。在对这类怕震动的产品进行包装时，可以用泡绵、气泡布、防静电袋等包装材料把物品包装好，并用瓦楞纸在商品边角或者容易磨损的地方加强包装保护。最好要用填充物（如报纸、海绵或者防震气泡布这类有弹力的材料）将纸箱空隙填满，这些填充物可以阻隔及支撑商品，吸收撞击力，避免物品在纸箱中摇晃受损。

6.书刊类

书刊类商品的具体包装过程可以如下这样进行。

（1）书拿回来用塑料袋套好，以免理货或者包装的时候弄脏，也能起到防潮的作用。

（2）用铜版纸做第二层包装，以避免书籍在运输过程中被损坏。

（3）外层用牛皮纸、胶带进行包装。

（4）如打算用印刷品方式邮寄，用胶带封好边与角后，要在包装上留出贴邮票、盖章的空间；包裹邮寄方式则要用胶带全部封好，不留一丝缝隙。

相关链接　　　　　如何节约包装成本

包装不仅只有功能性作用,用于保护产品,防止产品破损,它还可以作为广告工具促进产品销售。为了使让包装更具有保护性、更有吸引力,商家在包装材料上花费了大量的资金。但有时候一些选择可能是不必要的。以下是几种可以节省包装成本的方法。

1. 确定你想要什么类型的包装

当提到包装时,商家可能会考虑各种因素,包装材料结构强度、安全性、美观、易于搬运、材料成本等。确定你想要什么样的包装,然后进一步缩小范围。

2. 在大小和数量上节省包装

并非所有产品都需要多层包装,商家要根据产品类型和运输及处理条件选择包装。包装层数较少表明可以使用较小的箱子。相比大包装,箱子和小罐头等包装材料的采购、处理和运输要更容易。

此外,还要节约使用包装、胶带、丝带、泡沫塑料包装盒、气泡包装纸等,只在有必要时才用。

3. 使用轻型包装材料

诸如气泡包装纸、可折叠硬纸板箱、填充空气袋、泡沫塑料片和泡沫缓冲材料等都很轻便,易于使用并且可以重复使用。这些材料成了中小型商家理想的包装选择。

4. 小批量采购包装材料

在采购纸箱和其他包装材料时,要按需采购,不要一次性采购太多包装材料。随着店铺产品设计变化和制作方式发展,包装也将随之变化。

5. 投资研究和测试

在购买整个库存产品包装之前,先购买少量包装材料测试一下。商家在模拟情况下测试包装的有效性,并测试包装的搬运和运输中的承压能力。这可能意味着起初要投入高额资金,但从长远来看,这样可以避免你反复选择新的供应商或包装材料。

6. 选择环保材料

回收纸、纸板和可生物降解的塑料都是环保材料,而且轻便,兼具成本效益。选择这种包装将有助于节省大量资金。

7.省钱不等于使用低质量包装

商家让出包装质量是否就有利于节约成本?答案是否定的。从塑料到铁皮,这些都是可供选择的多功能包装材料,而且这些材料很多都质量高、成本低。商家可以通过做研究,找到合适的包装材料,既可以保护产品不被损坏同时又能节省成本。

二、选择合适的快递

开店初期选择快递公司,一定要慎重。快递公司间的竞争尽管激烈异常,也仍存在滥竽充数之辈,价格更是不尽相同。要想利用较好的物流价格带来更大的利润,应该找一家价格和速度都占优势的快递公司长期合作,运营人员在选择快递公司时要注意图10-1所示的问题。

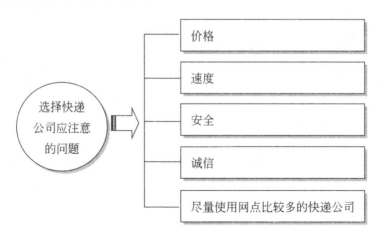

图10-1 选择快递公司应注意的问题

1.价格

现在大部分快递公司都有自己的网站,运营人员可根据网点分布查询离自己最近的快递点的联系方式。一般每个快递公司、每个区域,都有一个负责接件的快递员。一般快递公司是可以谈价钱的,你可以告诉他你的店在创业初期,想找一家长期合作的快递公司。由于接件的业务员都是按照件数或者业务金额提成的,所以这对他而言就是揽下了一个大客户,自然能得到一个合适的低价了。

一点通

不要只顾着便宜而选择不是负责自己所在地的快递点,因为即便价格再低,却可能影响发件的效率。

2. 速度

除价格外,还需注意的一点是速度,应该多找些物流公司进行对比之后再决定选用哪个。因为全国各地每个地方都不同,网点都是独立核算的,所以在服务态度、质量、速度等方面都参差不齐。

3. 安全

无论用什么运输方式,关键要考虑的是安全方面的问题。因为无论是买方还是卖方,都希望通过安全的运输方式把货送到客户手上。所以在选择快递公司的时候,一定要选择一个安全性较高的公司进行发货。

4. 诚信

诚信也是至关重要的一个问题。诚信度高的,能有更安全的保障,能让买卖双方都放心使用。作为运营人员可以通过使用过快递公司的公司或个人了解到快递公司的口碑,若遇到连自己的业务员都说不好的公司,那还是少用为妙。

5. 尽量使用网点比较多的快递公司

由于客户往往都是遍布全国乃至全球的,所以运营人员要尽量选择网点较多的快递公司,很多偏一点的地方都送不了或要转到EMS和其他快递公司的话,那就可能会造成价格偏贵、送件延误和丢失等问题的出现。

三、高效处理客户的反馈

随着电商发展不断普遍化,客户对网购售后问题更加关注,各商家也在不断地努力做好售后问题处理。同时客户对网购的体验要求不断变高,所以反馈的问题也不断变多,处理售后问题成了很多客服非常头疼的事。对于客户的反馈,运营人员可以根据具体情况通过内部处理或是客服处理两种方法来解决。

1. 内部处理

(1)部门沟通。当客服接收到客户反馈的问题后,首先要落实到各个部门,看看是哪个环节、哪些部门出错,加强部门之间的沟通,迅速找出问题所在,并快速处理好问题,再让客服反馈给客户。一般容易出问题的有如图10-2所示的几个环节。

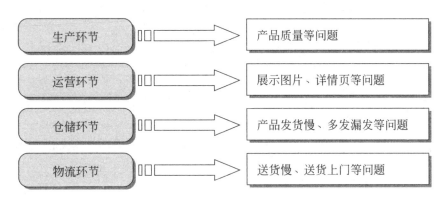

图10-2　客户反馈问题最多的环节

(2)话术优先。一般我们接收到客户反馈后,一定要有专业的话术去回答客户反馈的问题。话术一般分为图10-3所示的三种。

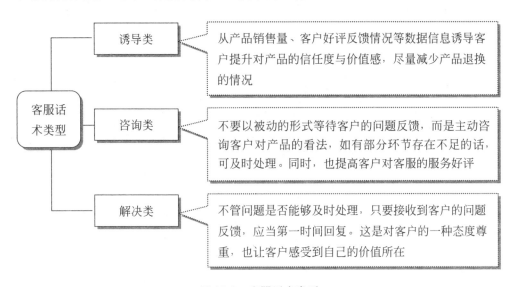

图10-3　客服话术类型

2.客服处理

(1)产品方面。产品方面容易引起客户投诉的主要有表10-1所示的几种情况。

表10-1　产品方面引起客户投诉的情况

序号	投诉情况	应对方法
1	实物与图片不符	如果客户反馈说实物与图片不符，客服应这样回答："亲！您好，我们产品的图片仅供参考，请以实物为准的哟！"
1	实物与图片不符	如果是网店操作的问题，可以这样回答："不好意思，后台的小哥哥忘记更新了，您收到的产品是新款上市的哟！请您谅解！"
2	质量损坏	如果是客户造成的，可以这样回答："十分抱歉，您这属于人为损坏呢，如需保修或者更换，我们这边会将您的信息提交上去审核。"
2	质量损坏	如果是自身造成的，则可以这样回答："十分抱歉，产品可能在运输中震坏了。我们这边会尽快重新给您安排发货，麻烦您到时候签收一下。"
3	发货出错等问题	碰到这种情况，客服应这样回答："不好意思，最近订单太多了，发货的小哥哥不小心搞错了。我们这边尽快重新为您安排发货您想要的产品，等下会发送退换地址给您，请您记得签收一下哟！"

（2）服务方面。服务方面容易引起客户投诉的主要有表10-2所示的几种情况。

表10-2　服务方面引起客户投诉的情况

序号	投诉情况	应对方法
1	存在误导性语言	"非常抱歉，由于内部调整给你带来了不便。我们愿意承担相应的运费为你退换产品，希望能得到您的谅解。"
2	服务态度差	"感谢您的反馈，您提交的问题我们已经在处理中。今后我们会进一步端正服务态度，给您打造最好的服务体验。"
3	未及时回复	"不好意思，由于最近的订单太多了，我们的客服姐姐还在一一认真地回复。一会儿会专门安排人与您联系，请稍等一下。中途给您造成了不少的麻烦，希望能得到您的谅解。"

（3）物流方面。物流方面容易引起客户投诉的主要有表10-3所示的几种情况。

表10-3 物流方面引起客户投诉的情况

序号	投诉情况	应对方法
1	物流慢	"亲,我们帅气的快递小哥哥正努力地在路上送货中,为了更好地确保您的产品可以安全到家,送货途中需要小心翼翼的。"
2	无送货上门	"亲,我们的产品没有送货上门的哟~您如果需要的话,我们可联系快递小哥哥,让他亲自送货上门给您。快递小哥哥生活不容易,送货上门会产生××元左右的费用,请您谅解一下!"

（4）客户方面。如果有客户下错订单、无理由退换、商品不合适等情形,客服可这样回答:"亲!您好,您申请的下错订单(无理由退、换)我们已经提交申请,生活不易,中途会产生××～××元的邮费支付,请您见谅一下!"

3.售后建议

处理好售后问题后,我们要尽量再给客户一些建议,比如多用以前老客户对产品的支持和好评,来说服客户,增加客户的复购率。注意要少用自动回复,自动回复次数多了,客户会认为卖家不够重视自己,从而导致客户的流失。而且会发生这样的情况,自动回复后,客服会认为已经回复过客户了,从而导致客服看不到客户的问题反馈。

四、正确对待客户的评价

评价对于用户的购买行为有着十分明显的影响。

1.好评的作用

对于商家来说,都希望客户能给我们高质量的好评。透过这些好评,可以解决未下单用户的担忧。

比如,小明打算买一双鞋,但是这家商户的鞋子他之前从未买过,并不知道尺码是否标准,商品详情页的描述也没有太明确的感知,这时候,小明去看用户评价,里面的评价是这样的:

> 质量不错。
> 好评,下次还在你家买。
> 商家服务很好。

这样的评价,并不能解决小明担忧的尺寸问题,问题没解决,小明一旦纠结，过了"头脑发热"期，很可能就放弃购买。

而真正的高质量评价是要解决用户担忧，除了"质量不错""商品很赞"之外，高质量的评价是具体到产品细节，评价里若有"鞋的尺码略有偏大，建议买小一码的"之类的内容，则意义完全不一样。如图10-4所示。

图10-4　评价截图

客户担忧的细节的收集，可以来自于用户下单前的客服咨询、用户下单思考路径以及产品核心卖点三个方面。

比如，想购买小白鞋用户担忧的可能是：颜色会不会偏黄？鞋面会不会很容易破？会不会容易脱胶？那么高质量的评价就是会涉及"颜色很白""面料是真皮""鞋面和鞋子粘得很好"这些方面的。

> **一点通**
>
> 对商家来讲，一个高质量的评价是在商家的引导下，解决用户的核心担忧问题。

2.好评差评都要有

有的商家，为了避免用户看到差评减少订单，就想方设法把差评完全解决掉。其实，这种做法并不可取。为什么呢？因为没有什么东西是完美的。就算这个产品有2000多条评价，但翻了好几页都是好评，用户定会质疑："刷的吧！"这是把用户从考虑购买产品变为对产品不信任。

一个优秀但是不完美的人才够鲜活，很多商家早期会让人帮忙刷评价，而且要求必须是五星好评。其实，你也需要一些差评来增加评价模块本身的真实性。

当然刷差评也是有套路的,即"重拳打棉花"。

比如,"没有想象的那么完美""比×××(某知名品牌)还是差点""客服说话有点拽,差评"。

3.产生好评、避免差评

线上店铺和线下店铺在用户购物体验中有个比较明显的差异,就是服务。当你在线下购物时,产品的缺陷能通过面对面的优质服务来弥补,而线上购物,很多时候并没有一个沟通过程,也就是说,买卖双方并没有一个情感或者相互信任的沟通基础,因此,当你的产品出现问题时,用户的第一反应往往是:东西这么烂,差评!

比如,我们在饭店吃饭和点外卖。到饭店吃饭,我们的评价标准是:服务到位、环境幽雅、菜品味道良好。但是外卖呢,我们关注的核心往往是,这外卖好不好吃。

那么该怎么弥补线上的服务缺失呢?可通过产品的附加物来传达,即通过除了产品之外的东西来营造一种我是真诚的服务,我是一个能传递温度的卖家。

(1)重视产品的包装或包装设计。启用一些萌宠的卡通形象,或使用一些柔和的设计风格,制造舒适感;另外,让包装更好地保护产品和凸显逼格,你在包装上所花费的心思,其实用户也能感受到。要知道,一个注意细节的人,一般是会让人信任的。

比如,对于易碎物品,可在纸箱四周写上大大的"易碎勿抛",并在顶部加层纸板保护,四周边角也重点保护。如图10-5所示。

图10-5 商家包装截图

(2)通过一些小物件,来营造体贴感。

比如,买鞋送袜子,不同的季节送的长短不一样;买坚果送夹子(夹袋口);买笔记本送圆珠笔等。

(3)通过一些小媒介,营造温度。

比如,三只松鼠的手写小卡片,营造真诚感,营造温度感。如图10-6所示。

图10-6 三只松鼠手写卡片

柔和的设计形象、贴心的小物件、真诚的传达方式，能让用户感受到商家的真诚与善意，从而减少差评，产生好评。

4. 不同时期评价的需求不同

对于商品早期来讲，最大限度地拉拢好评数是最核心的事情，对于每一个曾经的购买用户，想尽一切办法（优惠、返利、售后跟踪，哪怕是略带少量性质的骚扰性的跟踪）让用户产生好评，从而让好评起量。

当评价数量起到一定程度，比如四十到五十条以上，用户三到四屏内翻看不完（我们大部分人翻看评价页面，90%的人不会超过5页），这个时候你的重心就要稍做转移，从关心数量变为关心质量，即引导用户产生能解决用户下单疑虑的高质量的评价。

> 前面注重评价数量，后面注重评价质量，这个步骤的核心点在于，先解决用户对商品好评的信任问题，然后再来解决准备下单前的对产品的担忧问题。